欣賞亞媺現代詩

—懷念丁潁中國心

陳　福　成　著

文　學　叢　刊

文史哲出版社印行

國家圖書館出版品預行編目資料

欣賞亞媺現代詩：懷念丁潁中國心 / 陳福成著.
-- 初版 -- 臺北市：文史哲出版社,民 110.11
頁； 公分--（文學叢刊；448）
ISBN 978-986-314-575-2（平裝）

1.新詩 2.詩評

863.21 110018931

文 學 叢 刊 448

欣賞亞媺現代詩

── 懷念丁潁中國心

著 者：陳 福 成
出 版 者：文 史 哲 出 版 社
http:// www.lapen.com.tw
e-mail：lapen@ms74.hinet.net
登記證字號：行政院新聞局版臺業字五三三七號
發 行 人：彭 正 雄
發 行 所：文 史 哲 出 版 社
印 刷 者：文 史 哲 出 版 社
臺北市羅斯福路一段七十二巷四號
郵政劃撥帳號：一六一八〇一七五
電話886-2-23511028 · 傳真886-2-23965656

定價新臺幣四四〇元

二〇二一年（民一一〇年）十一月初版

ISBN 978-986-314-575-2 10448

1 圖 片

亞孅繪畫 驚喜（油畫）

亞孅繪畫 人生系列（粉彩）

亞媺繪畫　和平的呼喚（粉彩）

亞媺繪畫　蓮花仙子系列（油畫）

序：關於《欣賞亞孅現代詩——懷念丁潁中國心》

住在台中的女詩人、畫家亞孅，於二〇二〇年十月，由台北文史哲出版社出版《亞孅詩畫精選集》，厚厚一本有畫有詩。她特別叮囑出版社彭正雄董事長，說要送我一本，忘了去年有沒有感謝人家。

一年來，她的詩畫集就放書架上，常常翻閱欣賞，早已石沈心海的記憶漸漸鮮活起來。因為認識亞孅、丁潁賢伉儷，都是《秋水》和《三月詩會》的因緣。

我參加《三月詩會》從二〇〇八年開始，約二〇一五年後便未再參與。此期間，丁潁、文曉村、蔡信昌、雪飛、關雲、晶晶、林恭祖、徐世澤、潘皓、傅予、一信、謝輝煌、金筑、麥穗、童佑華、林靜助、許運超和筆者，共十八人，每月一次詩聚餐會，出席率很高，每次都有十五人上下，丁潁每次從台中上台北最是難得。

人生無常，到二〇二一年春夏之際，我開始寫本書時，以上十八人中，我所知去西方極樂國報到，已有十人以上。丁穎是二〇一九年元月二十四日去報到的，不知他轉世到哪個世界？他是深值懷念的朋友，在正式詩會場合沒有機會深聊，我們私下寫信（手寫，見下篇）聊很多，他的「中國心」令人感動。

本書分兩部份，一篇是〈欣賞亞媺現代詩〉。從她的詩集歸約出十二個主題，每主題為一章詩記我的欣賞感想。詩是一種「歧義語言」，即詩語言有多重含意，並非「定於一」之語言，同一首詩，每人理解可能都不同。因此，欣賞，也只能從某個角度，而非全面。

筆者在《三月詩會》期間，分別出版五本有關這個詩會的書，可以說，盡可能完整留住他們的歷史：

《三月詩會研究》（文史哲，二〇一〇年十二月）
《我們的春秋大業》（文史哲，二〇一二年六月）
《把腳印典藏在雲端》（文史哲，二〇一四年二月）
《留住末代書寫的身影》（文史哲，二〇一四年八月）
《最後一代書寫的身影》（文史哲，二〇一四年九月）

本書二篇〈懷念丁穎中國心〉各章，即從前述五本書中有關丁穎之部，全部轉錄到本書，做為對丁潁的懷念和紀念。

在台灣詩壇，夫妻檔詩人，我知就是羅門和蓉子，丁潁和亞媺。丁潁的中國心，亞媺的中國情，都是可敬的詩人，可貴的情操，有此詩友，真是人生路上一大亮點。佛經《大寶積經》說：「能捨惡知識，親近善知識；菩提道增長，猶月漸圓滿。」認識丁潁和亞媺，從他們行誼作品中，我獲益良多。

台北公館蟾蜍山　萬盛草堂主人　**陳福成**　誌於

佛曆二五六四年　西元二〇二一年中秋節

欣賞亞媺現代詩
——懷念丁潁中國心

目 次

第一篇　亞孅現代詩欣賞

傾聽（細字筆）

圖片來源：《亞孅詩畫精選集》，頁 28。

因緣際會（粉彩）

圖片來源：《亞媺詩畫精選集》，頁 29。

第一章　親情親人詩寫與愛的擴張

親情、親人，是一切眾生的源頭，不論任何物種，必定有一個「源頭」，也就是讓他誕生的「父母」，他長大後又成為父母。因而，有了「系統性」的親情、親人，九族十八代……

人有了這個源頭誕生後，才有了往後的一切故事，才有一切愛恨情仇；而人生所有愛恨情仇，也就必然和這個源頭有關。最接近的源頭（最近的血緣）就是父母，所以人生首要感恩，且懷念最久的，就是自己的父母、夫妻，再次兄弟姊妹或其他。假設，這種有血緣關係的親情親人，名之曰：「狹義的愛」。

擴而大之，有廣義的愛，例如俱有宗教情懷的人，視眾生「皆我父母」。佛經中有一則故事，有一次佛陀和弟子們出行，在路邊看到一具死人枯骨，佛陀向枯骨頂禮敬拜。弟子問為何拜枯骨？佛陀答說：「這枯骨可能就是我們累世中的父母，所以禮敬枯骨！」

對國家、民族的愛，通常也被視為廣義的親情親人，所以叫自己的國家「祖國」，稱自己是「炎黃子孫」，這種對中華民族的認同感。許多思想家都判定，不論哪個民族的人，對自己的國家民族有強烈的認同感，是人世間最珍貴、且高貴的情懷。

欣賞亞孍這本《亞孍詩畫精選集》中的現代詩作品，我看到廣義、狹義以及對自己家國民族的親情，這在台灣地區現況下，真是一種難得、珍貴且高貴的情懷。將在本書各章分述，這章先欣閱女詩人的源頭詩寫。

亞孍這本詩集的親情親人詩寫有〈獻給父親〉、〈獻給母親〉、〈爹的心事〉、〈祝福——給丁潁〉；另〈魂斷海山煤山〉、〈獻給——世間的母親〉則是親情的擴張。先欣賞〈獻給父親〉。

哦！父親，願您與松柏同齡
您是我們子女奮鬥的指引
兒時芬芳的記憶如昔
僅記我是您最疼愛的
一枚明月

落雨那日，我從昏迷中接近死亡

多少隻醫生的眼睛
在搜尋生命的光芒
母親日夜照顧和祈禱
匯成唯一希望

感恩神
黎明曙光誕生
父親啊！您的信心和
堆積的金幣
恢復我的愛和言語

一九八〇夏日　台中青山居

《西遊記》裡，唐僧一行經歷九九八十一災難，才實現了他們的人生目標，把真經取回中國。其實每個人的人生過程像極了「西遊記」，人活一輩子，最後往生西方，這一生可能也有很多災難，大大小小的災難，絕不會少於一次，過不了的就早去報到。

台灣早期醫療條件不佳，小孩死亡率高（筆者就有姊姊五歲就走了），一個不小心碰到小災難，就要人命；甚至成人，碰上任何災難，都是難過的關，不光自己苦，也折磨父母。就如這首詩，女詩人在某個年代的下雨天，碰上了災難「從昏迷中接近死亡」。當然，這首詩所要表達，不是這場災難，而是透過這個事牛，彰顯偉大的父愛，因父愛的投入（金錢和精神），才「恢復我的愛和言語」，這是詩之本旨。賞讀〈獻給母親〉：

小雨飄落的晚上
獨步青山小徑
路燈冷冷的光　與
靜夜的眼睛同亮

想起九十七歲　告別
紅塵的母親！我多麼想念
啊！母親！妳在何方？
西方極樂在哪裡？
蓮花佛國是何處？

撫摸黑白相間的小袋子
是母親存放護身符的錦囊

妳買的睡衣我常穿身上
妳說紅色代表溫暖充滿希望
妳說愛花會跟花兒一樣漂亮
看花開花謝更珍惜生命無常

宜蘭　是魂牽夢繫的故鄉
也因為趕回宜蘭向大姐奔喪
無情的時光突然又剪斷慈愛
我們來不及陪母親走完人生驛站

珠淚一顆顆凝結起來
母親啊！我們的呼喚
再也留不住妳離別的愛
母親啊！母親

我們多麼想念妳！我們愛妳

二〇〇七年冬日於台中青山居

很自然、真情的一首想媽媽的詩，抄寫間讓我也快要「珠淚凝結起來」，我也在想著我媽媽，不知道她轉世到了哪裡？

六十五歲了，還在想媽媽，這是詩人的赤子心，不論多少歲仍懷念生養的父母，是一個不忘本的人。一個人永保赤子心而不忘本，必是有真性情詩人，才寫得出感動的詩，所以詩只談「境界、意境」不夠，能感動人更能產生共鳴，更能與讀者有「心靈交流」。

第三段最能感動人心，「**妳買的睡衣我常穿身上／妳說紅色代表溫暖充滿希望……**」穿上媽媽的衣服，感覺媽媽仍在，讓我想起老爸走後，我留下他的一件衣服也常穿身上，感覺老爸還在。

末段寫出天下每個有孝心、不忘本的人，對偉大的母親永恆的思念。「**珠淚一顆顆凝結起來……母親啊！母親／我們多麼想念妳！我們愛妳**」；父母走的時候，不論百歲或千歲，我們依然不捨，因為是生養我們的父母。賞讀〈爹的心事〉：

爹說
三百六十年才趕上的雙春
竟逢此甲子年
在島上聚會

會不會是動盪的時代
聽，七十四高齡的爹
搖動沈澱的心事
噢！如何分擔爹的憂傷

一個個旋轉的昨日今日明日
一個個踏出娘家的兒女們

後記：今年為甲子年又遇雙春、雙雨，初春是正月初三，再春是十二月十五日。

甲子年（民國七十三年），詩人的爹七十四歲，老人家有什麼心事？詩的前兩段沒有指明，最後兩行是答案。原來兒女一個個成家立業，嫁的嫁，娶的娶，爹的心事一喜一憂，喜的是孩子們長大成家了；也有幾分淡淡的憂傷，只剩二老過著孤寂的日子。

詩有言外之意，台灣俚俗語「嫁出去的女兒是潑出去的水」，頗為感傷；但貼心孝順的女兒，仍想著，如何分擔爹的憂傷。爹的好孩子，可敬的詩人！賞讀〈祝福——給丁潁〉：

八十也是一首詩
一首微笑、滿足
有銀光的詩

十二層高樓外的星空
同屋裡的燈火
閃閃爍爍　盛開的
花朵在大圓桌中央
與兒女孫子的琴聲合唱

小五哥贈送那仙桃
是世上的唯一
是亮麗時光中的驚喜
與伯乃、方艮、國英的情誼
蒂結今生永恆的回憶

你說詩神好像離開你
我想，你若放下身心提筆
青青草原上，詩的小花
還是，開的很瑰麗

亞嫐為八十歲的夫君丁潁寫的詩。詩中提到的人是「濁流溪畔四詩人」，分別是：周伯乃、方艮（劉善鎮）、彩羽（張恍）和丁潁（丁載臣）。二〇一五年十月，周伯乃在《文訊》發表一篇文章，〈知交半零落——追憶詩人方艮〉。筆者最近檢視「三月詩會」，二〇一〇年時有十六位，二〇二一年初時已有十位去報到，感傷啊！

亞嫐和丁潁，是詩壇上少有的夫妻檔，從這首詩看，亞嫐比丁潁放得下、放得開，只要放下身心，青青草原上的小花，也如詩之美。

這首詩也寫出丁潁多麼的幸福！生命中有詩文學、有可回憶的友誼，有可含飴的兒孫，人生如此，夫復何求？賞讀一首親情的擴張，〈獻給——世間的母親〉。

自盤古開天地
就有一種愛
在延續
猛獸水火均不懼怕

有一種愛
在延續
山崩石碎未曾慌驚
有一種愛
在延續

縱使汗與淚在交語
飢和渴沖激

肝腸寸斷的歲月
皺紋似湖面漣漪
母親！您清醒的燃燒著不灰心

您期望兒女成龍鳳
當他們展翅您無怨地靜守孤寂
偉大的母親啊！我只是
大千世界的一粒微塵

願爲世間的兒女們祝福您康健
母親您是萬物的菩提
天地恩難報母親您底恩情亦如
太陽月亮與恆星

歌頌您！我們的母親
但願在您生之旅
永遠綻放朵朵微笑的康乃馨

歌頌您！世間的母親

一九八四年五月　台中青山居

有幾個有關「母親」的議題，常在人際之間，有意無意的被提問：「為什麼大家歌頌母親偉大，極少歌頌父親偉大？」「為什麼大家都說有媽的地方就是家，沒人說有爸的地方就是家？」

我也思索過這些問題，找不到正確的答案，最後歸結是「生物演化的結果」。因為仔細觀察獅、虎、象、猴……等物種的社會關係，也是「媽媽」比較偉大，當「爸爸」的只好委屈一些！

回到亞媺的詩，這是一首親情的擴張，視天下母親為我之母親，我乃天下母親之兒女。有了這樣的精神張力，就能「無緣大慈、同體大悲」，感受世間所有母親不凡的愛「**自盤古開天地／就有一種愛／在延續／猛獸水火均不懼怕……山崩石碎未曾慌驚……**」正是「女人是弱者，為母則強」。

女詩人大概誦念過佛經《父母恩重難報經》，才有「**天地恩難報母親您底恩情**」之言。詩人有大愛精神，又有一顆謙卑的心，「**我只是／大千世界的一粒微塵**」，這顆有悟性的心，了悟了人生之實相。賞讀另一首也是親情擴張的詩，〈魂斷海山煤山〉：

阿爹阿爹你是永遠
再看不見故鄉的夕陽
斜斜的探照，縱然是
暖暖的一抹光芒在牆角

阿爹阿爹你是再再
聽不到老母妻兒晨昏的呼喚
無奈的時光蒼白欲碎
誰瞭解淚中辛酸

阿爹啊！叫我們如何渡過
滄桑沈默的歲月
礦工的命運是否
都被註定
如此淒涼無助

阿爹啊！阿爹
怎能相信與你相伴多年的
山礦煤碳會醜陋地劫走
賣身的人

太陽依舊東昇
礦坑黑暗的手勾住你
你是再不能還魂了
慘對海山煤山災變
有情若無情的人間
我們含忍著淚，仍要活下去

一九八四年七月　台中青山居。

後記：爲失去爹的孩子而寫

放眼看看這個世界，天天到處是災難。就是我寫本文之當下，阿富汗災難、敘利亞內戰、非洲某國爆發軍事政變、美帝東岸颶風、紐約泡水……病毒仍在地球上攻城掠地。不知多少萬人在這一刻，就死得不明不白，看似天災，撥開雲霧一看，都是政客製造的災難。

災難發生在遙遠的地方，吾等凡人難以感同身受。但發生在我們的社會、我們身旁，就較容易引起人們的注目，絕大多數人也只是「注目」，距離「感同身受」還很遙遠。對眾生的苦難比較能感同身受者，大約就是心地柔軟、心懷慈悲的人才會有的情操。

筆者初略檢視亞嬿這本詩畫集，發現全書所寫、所畫，竟無怨、無仇、無恨，包含她的畫（我雖不懂畫，但可感覺一種自然、純情）。基本上，都是愛的擴張，把自己當成受難者兒女，視受難者如自己親人，才有「阿爹啊！阿爹」的聲聲呼喚。

親人親情的擴張就是宗教上說的「無緣大慈、同體大悲」。亞嬿為什麼有這麼濃厚的「宗教情懷」？能把對親人的愛擴張到「無緣」者，除了天生心懷慈悲外，應該和她長期在聖壽宮有關。台中大坑聖壽宮供奉觀世音菩薩、地藏菩薩、關聖帝君（關公）、玄天上帝、天上聖母、岳飛等眾神，她必然會受到影響，讓她的人生走在「菩薩道」上，對眾生的苦難感同身受，因為眾生都是親人。再賞讀一首〈感恩迎千禧〉：

為什麼會地動山崩
地熱，使土壤四分五裂
為什麼那麼多人傷亡無家可歸
問蒼空無言
淚灑黃泉

一九九九年奇異的劫數
何物在地層翻身滾浪
哪兒的黑暗在掙扎
這種破土而出的哀歌
使受害的國家人天哭泣

啊！無法彌補的錯一再
竟在廿世紀出現
一種絕情迸裂的天堂花
地震，地震使百年來這一代

承受刻骨的痛

宇宙的偉大
日月乾坤旋轉
人類太渺小了
啊！請勿悲傷哀慟
只要愛的火苗不熄
就能照耀無極的冰塔
向燦爛的東方
願以虔誠感恩之心
叩謝上蒼仁慈

祈求
大地所有生物及
全世界人類
平安祥和，風調雨順

迎接千禧

西元二〇〇〇年的降臨

地球上的大地震、大海嘯，自古以來從未停過，遠的不說，光是吾人有生之年所見（知），唐山大地震、二〇〇八年四川、三一一、南亞大海嘯等，都是傷亡慘重的大災難。面對這種可怕的災害，詩人要說什麼？這是老天爺幹的好事，渺小的人類能把老天爺怎樣？

詩的前三段是對災難製造者的控訴、質問為什麼？當然是問不到答案，人類只能默默承受刻骨的痛。後三段是詩人轉變心態，先安慰和鼓舞，只要愛的火苗不熄就有希望；接著以謙卑的心叩謝上蒼仁慈；最後是祈求上蒼，大地眾生都平安祥和，風調雨順。

透過這幾首詩的賞讀，同時也欣賞女詩人「愛的領域」，為什麼可以擴張到如此寬廣的境地？若無悲天憫人的心胸，如何能把本來只及於親人的愛，擴張到一切眾生？原來何謂「無緣大慈、同體大悲」，從她的詩作就可以得到論證。

第二章　友情詩寫—友誼的芳香

如果把人生複雜的人際關係，簡化到三種：親情、友情、愛情。那麼，亞媺的友情詩寫最豐富，從詩作看她有多位真正的好朋友（或閨蜜）；而愛情詩寫極少，只有幾首隱約有情詩的味道，應該和女性含蓄有關，雖有深情，卻蘊藏不露。

兩岸詩壇中，我所認識的男性詩人，幾乎都大辣辣的寫情詩，甚至出版情詩集；但女性詩人則極少寫情詩，就是有也很含蓄，這方面的表現，亞媺可以說含蓄中的含蓄，她有幾首「類情詩」，散發淡淡的情味，下章略述，這章談女詩人的友情詩寫。

多數男詩人超愛寫情詩，絕大多數女詩人不寫情詩；女人的友誼圈很豐富，所以女人較少感到孤獨寂寞；男人的友誼圈表象很豐富，實際上絕大多數男人內心孤獨寂寞。是故，女人間較易於成為好友，也較能持久；男人間較不容易成為死黨，出了校門更無死黨。

有一段時間，筆者喜歡觀察研究兩性關係，我得到那樣的結論。只要注意各宗教團體活體、觀光區、公園、咖啡廳、飯店雅座等，那一群群、一團團、三五成群，在聊八卦吃飯跳舞等等，幾乎全是婆婆媽媽，一片女人海，看不到幾個男士。

我參加過幾次佛光山和慈濟的活動，放眼望去，成千上百全是女人，僅幾個綠葉點綴其間。同行的老友問我：「奇怪！男人都到哪裡去了？」我說：「可能喝酒打牌去了！」其實這也是物種演化的結果，常看電視「動物節目」（如21台）就略知，獅、虎、象、犬、猴、猩等物種，大體亦如是，雄性都千山獨行，雌性則結伴遊玩。

談亞媺的友情詩寫，為什麼要聊這些？因為我看到她的友誼圈很豐富，應該有不少可以聊得來，進而成為好友或閨蜜。這也是男詩人和女詩人大不同的地方，不知其他人的觀察是否亦如是？

翻閱亞媺這本詩集，詩寫友人的作品有〈李花〉（英姐）、〈羅漢松〉（快年姐）、〈贈詩〉（培明）、〈贈詩〉（金英）、〈贈詩〉（慈晃）、〈贈詩〉（麗卿）、〈贈詩〉（瑞美、芳林）、〈贈詩〉（莫云）、〈贈詩〉（夏威）、〈贈詩〉（詩薇）、〈雨中花〉（幸仙姐）、〈贈詩〉之(二)（麗卿）、〈贈詩〉（蓮妹）、〈贈詩〉（春梅）、〈贈詩〉（欣心）、〈贈詩〉（映月）、〈贈詩〉

〈碧貞學妹〉、〈贈詩〉〈小蓁蓁〉、〈金色懷念—悼麗卿〉。

詩人贈詩給朋友，通常必須有幾分心靈交流，並相互欣賞，詩人才會送出這份「好禮」。以上諸多好友贈詩中，贈給「麗卿」就有三首，可以解釋（判斷），詩人和麗卿最親密，賞讀其第二首：

冬日的石蓮花在說話
只有麗卿妳聽得懂它
花笑人也笑
花美人更美

二十年歲月的紅夾克
穿妳身上，溫柔瀟灑
還是年輕的模樣

第二代玫瑰與紫籐
繼續在德豐庭園成長

石蓮花，石蓮花與陽光同歡唱
是不是地靈人傑
石蓮花像寶石燦爛
是不是春天提早來到妳家
石蓮花含羞親切張望
點點紅暈像星光

啊！寒冷的十一月天
溫馨的暖流迴盪
妳與真憲花海前凝眸
多像情深的並蒂蓮
地久天長

二〇〇五年春日　台中青山居

這首詩讚頌好友麗卿的日常生活，以及她與真憲情深如並蒂蓮，應該就是夫妻。愛花又喜歡種花的女人，通常也心地柔軟善良，這和亞媺宗教情操式的愛心類似，也就是同屬「一國的」，才會成為好友。

但麗卿的愛花蒔花有進一步的境界，「**冬日的石蓮花在說話／只有麗卿妳聽得懂它……**」。這裡詩人在創作上用了「物我合一」的技巧，讓人與花有了對話的情境。言外之意，在說麗卿對花花草草的貼心愛護。叫詩人不捨的是，二〇一八年時，麗卿竟取得了西方極樂國的簽證。賞讀〈金色懷念——悼麗卿〉：

八月淡淡的微風
尚留暑意
秀蓮電話中傳來
驚聞妳悄然離去

像飄葉，似落紅
妳告別大千世界
飛往極樂淨土
留下紅塵心痛的我們

對妳不捨

對妳眷戀
樓閣花園裡，妳是常綠的生命之樹
妳走了，花草有情對妳依依

妳的輕語笑聲
總溫暖德豐庭園
南天竹、沙漠玫瑰、芙蓉、紅梅
神祕果、紫雲籐、翠米茶樹、雪茄花
鐵樹、仙丹、五葉松、麒麟花

仙人掌、碧綠的細草
是妳真善美的小天地
它們都是妳的最愛
如今，誰朝夕對群花歌詠
妳還會再回來吧！
願妳的靈魂在我們身邊

我們思念妳，麗卿
妳一笑解千愁長長的笑聲
總震盪我們
金色永恆的懷念

二〇一八年十一月 台中青山居

從這首詩也看出麗卿是一個怎樣的女生？她是「德豐庭園」（可能是社區名稱）的「暖爐」，她在庭園中照料許多花草樹木，讓庭園成為美美的小天地。她為整個社區，帶來溫暖和美麗的景觀。

麗卿也是一個開朗的女生，「**妳的輕語笑聲……妳一笑解千愁長長的笑聲／總震盪我們／金色永恒的懷念**」。學佛的人都知道「微笑也是一種布施」，因為可以給人信心溫暖，縮短人與人之間的距離。我想像，長長的笑聲，給人解愁，她是一群姊妹中的大姊頭吧！

詩人和麗卿的情誼也最深厚，「**對妳不捨／對妳眷戀……妳還會再回來吧／願妳的靈魂在我們身邊／我們思念妳，麗卿**」。對一個好友的讚頌、懷念，還有什麼比這更刻骨？賞讀另一首〈贈詩——給欣心〉：

茶包一直留著
芳香總瀰漫山中小居
捨不得將妳寄來的
鄉音及情誼沖淡
不管多久
我還是留著

妳貼緊小寒的郵票
正值紅梅吐放
雲山層層
錦繡大地盡收眼底

遠住金華路的妳
隔千水萬山，妳說
陶醉於〈琉璃花〉園裡
青山居的我也酩酊

在妳〈滿園芬芳〉的詩句
回憶相聚短
欣心，妳我却有靈犀
種詩的那顆心

二〇〇一年秋日　台中青山居

後記：春日寄書〈琉璃花〉給欣心，收到贈詩〈滿園芬芳〉是以回贈紀念。

詩人之間相互贈詩是中國詩人的優良傳統，古來如是，例如李白有詩讚杜甫，杜甫也贈詩頌李白。尤其當屬性、個性、人生觀相近時，更能成為好友，相互之間就有靈犀相通的境界。

欣心和亞孅同是《秋水》詩友，這首詩表達了她們之間平實平凡真誠的友誼，人的一生會有很多「朋友」，但能有靈犀境界的朋友，必然稀有，就像男人的「死黨」，只會零星幾個。賞讀〈贈詩——給莫云〉：

選擇微雨的夜晚
重讀妳的信
鬱金香的鵝黃、粉紅
綻放信封上的笑容

讀妳
寫意荷花的心語
松德路高樓的藍空
讀妳，這一夜
風塵僕僕的情懷

梵谷畫中的筆記，在
千山外，聽到相贈的
秋水之音
窗前幾朵紫花，開了
它是大姐的最愛
懷念，沖壺、溫杯、聞香、品茗

二〇〇六年四月　台中青山居

錦囊裡全是溫馨的回憶

多年前，台灣大學總圖書館展出「台大人的文學作品手稿」，我去觀賞，驚見有莫云詩作手稿，始知莫云也是「台大才女」。後來我在《秋水》與她有數面之緣，不久她和辛勤創辦《海星》詩刊，經營的很成功。

這首詩讀出兩個女詩人的心靈交流，也有書信往返，詩人和詩人之間聊的不是豐功偉業，而是共賞一種花或一幅畫的感覺，在這空靈的情境中，找到「共同語言」，這便是好友共同的美麗回憶。賞讀〈李花——贈詩人方艮之妻國英姐〉。

今宵你同詩人來
來山中訪翠竹的幽徑
去年流螢曾提過
薄翅的燈籠
只留下蔓草
柔柔的幾句密語

你紫色的綢花鞋相贈
我愉悦地踏過
青青的方向
說好
北上看你
聽你沈寂已久的林園
又有幾片葉落
幾朵馨香的雲
在飄泊

說你
像山谷素潔的
李花，那麼可親
你深晚的歌韻
彷佛溪河的流動
總震盪我風塵僕僕

的心靈

織一籃銀夢
搖一簾煙雨
詩人的妻啊
長年的日子

願你我都忘卻
有過憂傷
愛是靜默的
噢！在中國海的島上

一九九三年夏　台中青山居

為亞孅詩畫集寫序的朱光明先生說，亞孅的詩是屬於人生的，就是生活的真情寫照。但她有些詩句也很空靈（包含前面所引各詩作）。例如，「織一籃銀夢／搖一簾煙雨」，如夢似幻的情境，難怪詩壇上形容她「不食人間煙火」。不過我讀她這二十首友情詩寫，大多還是寫實，友情還是寫實好！

這首詩的最後一句，「**噢！在中國海的島上**」，如斯收尾的氣氛有些感傷，好像前面幾段詩意就增加了淡淡的感傷。到底在傷什麼？詩人說「願你我都忘卻／**有過的憂傷**」，這個源頭可能在「濁流溪畔四詩人」背景上，方艮、丁穎、彩羽和周伯乃，他們是老一輩從大陸來台的人，感情上依然是飄泊的，台灣仍是他鄉，幾十年了，依然飄泊「在中國海的島上」，怎能不憂傷？

欣賞亞嬿這些友情詩，大致可以了解她的好友，來自兩種因緣：文學藝術和宗教。亞嬿的整個生命內涵，除了家庭，便是詩畫藝術和宗教信仰兩個領域，她與聖壽宮應結緣甚深。賞讀〈贈詩——給蓮妹〉。

五月六日溫馨的夜晚
蓮妹，溫柔的聲音是妳
梅子酒酸甜的回憶
我們握緊溫馨

晚宴上妳文靜的台風歌韻
流成一灣小溪清澈

唱出塵世悲喜
生命的翠綠

風過，雨後
是是非非假假真真的人生
蓮妹，世情冷暖
令人無奈

曾經是蓮是荷有笑有淚
妳我同是宇宙辰星
相約來聖殿朝拜

相約成為小小園丁
小愛使我們成長
大愛讓我們懂得奉獻
啊！蓮妹

妳的名字
從天山而來
在我詩中
開遍雪蓮花

除了詩題「蓮妹」外，內文又出現三次蓮妹，可見亞媺和這位蓮妹真是情同姊妹。有人的地方就有是非，這首詩是亞媺給蓮妹的安慰，也是相互鼓舞勉勵。佛光山、慈濟等或各宮廟，都有一群志工（九成女生），承擔起服務信眾的所有工作，個個都身段柔軟，言談溫柔，呈現人間佛國景像。信仰是一種身心洗禮，使人謙卑，叫人認識自我，「**相約來聖殿朝拜／相約成爲小小園丁／小愛使我們成長／大愛讓我們懂得奉獻**」，好姊妹一起修行，是一種幸福。

詩贈蓮妹，體現蓮妹溫柔的形像，也彰顯蓮妹純潔的內涵，「**妳的名字／從天山而來／在我詩中／開遍雪蓮花**」。這位蓮妹就是一朵天山雪蓮，純潔且一塵不染。

筆者與亞媺雖有數面之緣，但若路上碰到可能也叫不出來。幸好我在多年前就寫過她和丁穎的東西，亞媺的詩作風格，一路下來始終如一（詳見下篇）。

第三章　可敬的鄉愁——可貴的情操

鄉愁，不知為何？中國自古以來的詩人就有很多鄉愁詩寫，屈原、李白、杜甫等無盡的鄉愁。一九四九年後，從大陸到台灣的第一代詩人，如余光中、張默、羅門、文曉村等至少數十人，更寫了歷史上最多的鄉愁詩，濃得化不開，重得擔不起！

鄉愁，源自父母或自己的誕生地，或年幼時曾經長住的地方。但鄉愁也有層次的差別，例如亞孅生在宜蘭，所以她對宜蘭有所眷念，因為父母在宜蘭；但她很早遷居台中大坑，兒女也在台中，她若遠遊國外，她會想念台中，這想念處就是鄉愁。

鄉愁的層次再升高，從民族屬性看，我們是中華民族的一員，從血緣基因我們是炎黃子孫，可以說是道道地地的中國人。因此，我們對中國大地、中華文化，有一種眷念和認同感，所謂「詩言志」，表現出這種對祖國依戀懷思的情感，鄉愁於焉流露。

亞媺詩集中，有不少這類吐露祖國情懷的鄉愁之作，她的「新疆系列」作品，可視為祖國懷思的衍生，另一種「美麗的鄉愁」。對中華民族沒有認同感，或對自己血液流著中國人基因而不自知的人，不可能寫出這樣對祖國眷念的鄉愁詩，不可能稱新疆是「夢中天堂」。亞媺生長在台灣，而能保有中國情懷，所以她的鄉愁，是可敬的鄉愁，可貴的情操，深值頌揚！

人生最後的鄉愁，是人生最後要去的地方。那個「地方」在哪裡？所有活著的人都沒去過，死的人雖說到了「那個地方」，但也沒能回來告訴活人在那裡！所以只能按信仰的宗教推論，信佛教的說西方極樂世界，信基督天主的說天國。到底到了沒？沒人知道！

《金剛經》修行境界，叫人要「無住生心」，要「不住色聲香味觸法」，就是不能執著在任何地方。因此，人生的家何在？鄉愁何在？龍牙居遁詩偈曰：（註一）

木食草衣心如月，一生無念復無涯；
世人若問居何處，綠水青山是吾家。

「綠水青山是吾家」是個比喻，意在啟蒙世人「你究竟安住在哪裡？」你的

「終極原鄉」在那裡？或說你的「終極鄉愁」在那裡？在亞媺的詩集，有濃淡不一、層次不同的鄉愁，賞讀〈簫音〉。

是誰
對岸觸撫
家鄉的柳絮

因風
推皺湖面
漣漪

是誰
唱醒關山月
七里香夢痕依稀
三弦已靜
二胡也寂

只有
古銅色洞簫
細細勾魂
穿越地平線
朝夕思想的心

一九九四年春　台中青山居

一首很有意境、淡淡鄉愁的詩，又有寬廣的想像空間。第一段透過對家鄉柳絮的觸感，產生「興」的感覺；第二段「因風」，其實在影射內心的波動；第三段故鄉老一輩人一個個走了，三弦二胡都沒人彈了，感傷啊！

「**只有／古銅色洞簫／細細勾魂／穿越地平線／朝夕思想的心**」，鄉愁忽然由淡轉濃。這首也有地區性、時代性，生長在台北都會區的詩人，沒有這種意境的鄉愁。賞讀〈串串鄉愁〉。

1

愛　使心中溫暖

生命充滿驚喜甜蜜
情　是一盞
閃閃爍爍
從古至今難忘的相思燈

2

不想對你說什麼
只愛將心事剪成
金色黃昏的水聲

3

每次　我總來不及
捧一盒水珠的輕語
你的呼喚
就溶入了紫色的回憶

4

我是柔雲一片
你為我描繪藍天
讓我瀟洒遨遊
在青山綠水
在兩岸之間

5

當我有了醉意
宋詞裡想起
曾遞給你美麗的距離
你尋我總在詩畫的境界裡

6

誰共數楓紅
一瓣瓣記憶
都被家鄉的湖水輕輕剪動

7

秋的樹林
流動繽紛的眼睛
大地搖曳著美姿
亮起時光匆匆的消息
我仔細把秀麗的天空
譯成動人的詩
織成燦爛的景

8

洞簫沉沉穿越地平線
突然留下一段空音
燭光下思鄉的你
怔住　白成一堆沙塵

9

禪裡一片寧靜
禪外塵煙如雲
故人啊！我無以測知
你我最初的那滴淚
可是生命裡
最親最美的一串鄉愁

一九九八年秋　台中青山居

這首〈串串鄉愁〉，從字面上看，並沒有串起串串鄉愁，前七段倒是比較接近情愁，後兩段則有鄉愁味，而前四段感覺有情詩的味道。或許詩人有意藏情愁於鄉愁中，也是另一種含蓄。

第一段詩人好像故意把「愛」和「情」字隔開，又用「相思燈」連接起來。第二、三、四段最像情詩，思念故鄉喜歡的人也叫鄉愁吧！「**我是柔雲一片／你爲我描繪藍天／讓我瀟灑遨遊／在青山綠水／在兩岸之間**」。這個「你」，感覺好像就是丁潁，只有丁潁合乎這詩的意涵，串到第五段也是她二人情境。

淡淡的鄉愁在第六、八、九段，「**誰共數楓紅／一瓣瓣記憶／都被家鄉的湖水輕輕剪動……最親最美的一串鄉愁**」。湖水輕輕剪動是內心思鄉的情緒波動，詩人必有所思，心才有所動！

整體欣賞這首詩，朱光明先生只說是「生活中的禪境」，但「禪」是不立文字、不能言說的。那麼，欣賞這首詩總得有個「不得已的解讀」，筆者以為，詩中有自己的鄉愁，有別人的鄉愁，隱約暗示有對祖國神州大地的鄉愁。賞讀〈故鄉的歌〉。

消瘦的古道上，你
聽見馬蹄音了嘛！
還有牛隻以及羊群

凝望原野成隊的星
聽聽誰在歌團聚

啊！滿徑落花撫肩的夜
我輕彈三弦淚纏綿

故鄉！故鄉！
想你飄雪的容顏
萬水千山的畫面
整個波動著

一九九〇年於大坑飛鷹山上初春

這故鄉是哪裡？馬蹄音、飄雪的容顏、萬水千山等關鍵詞意象，不像在台灣，用在新疆、蒙古等大陸地區適宜；而消瘦的古道、牛隻、羊群，在五十年前的宜蘭也適合。不論哪裡！人到中年後，鄉愁總是越來越濃，有時「夜來撫肩、淚纏綿」！〈思鄉〉是真的想念宜蘭：

這樣的鄉愁
即使
只輕疊一次
也難擺平

思念彷彿千隻小手
細雨在撥動
且揉皺煙霧
網狀的情緒

我寂寂的
是心
你靜靜的
是靈

噢！故鄉——蘭陽平原
你我正是
被山水阻隔的一段
距離

一九九四年秋日　台中青山居

有距離才有思念，有距離也才有美感，鄉愁也是，距離越遠鄉愁越多。古代有的人一輩子只待在自己的村裡，鄰村也未曾去過，便不會出現鄉愁感。

亞媺生在宜蘭，在文化城台中長大，算是一輩子成家立業都在台中，在城鄉鮮明對比下，距離遙遠。思鄉情緒描述很到位，「**思念彷彿千隻小手／細雨在撥動／且揉皺煙霧／網狀的情緒**」。網狀的情緒，是什麼情緒？真是難以言說！想念就是想念，不可詮釋！又是一首蘭陽平原的思念，〈故鄉的雨〉：

小雨啊！就這樣長年
飄逸地輕撒著
且遊戲在故鄉的荒郊和街頭
有一個夜晚
我歸自遙遠的北方

珍珠般的清露
凝結閃爍
無數草綠花紅

映進歲月聚散的漩渦

我啊！曾凝神在這兒
看這樣多的風荷
在長長地朗誦
朗誦一盞一盞
故鄉五月的燈火

蘭陽平原啊！美麗的雨鄉
兒時的圓夢描繪湖泊
競走的櫓聲也纏繞十里煙波
牽也牽不住的小雨絲絲哪
總在我心深處
挑著，刺繡著
纏綿的鄉愁

一九九三年春　台中青山居

最近聽到一則真人真事的故事，一個老教授有八個兒女，全部在美國拿到博士，之後也在美國成家立業。老教授的妻子早逝，八個在美國的兒女無一人回台灣，老教授只好住養老院，不久老教授也沒錢了（全用在培養孩子）。養老院也不收留，通知八個博士兒女，無一人回台灣處理……

其實台灣有很多這種案例，夫妻一輩子省吃儉用，只為培養「美國人」。筆者在四十多年前，就從親戚看到這種情形，就警覺、警惕自己，不能在自己身上發生。試問，那些一輩子在養「美國人」的父母，人生意義何在？生命價值何在？

我要再說的是鄉愁，那些不孝子孫有鄉愁嗎？他們不會想念父母，在美國成家立業了，也成了美國人，對台灣這塊「故土」不會有眷戀。他們忘本了！無根了！

所以，鄉愁是正面情緒和價值，歷史上許多詩人的鄉愁詩傳頌千百年，余光中那首〈鄉愁〉感動多少人？亞媺的鄉愁有境界，可敬的鄉愁！可貴的情操！

註釋

註一　龍牙居遁，唐文宗太和九年（八三五年）生，後唐莊周同光元年（九二三年）圓寂。撫州南城（江西）人，世稱龍牙居遁禪師，十四歲時在江西滿田寺出家，初參謁翠微無學與臨濟義玄，復謁德山。後禮謁洞山良价，並嗣其法。其後受湖南馬氏之禮請，住持龍牙山妙濟禪院，號「證空大師」。

第四章　祖國情懷，鄉愁的上昇

「祖國」一詞，在台灣已被政治化，而且是一個很邪惡的政治醜化。所以大家不敢在公開的人際關係說「祖國」二字，不得不說這是一種「台灣人的悲哀」，這一代台灣人的遺憾！

事實上，我們就是中國人，中國是所有中國人的祖國，五千年皆如是，五千年不變的事實，也是真理。為什麼現在不敢開口說「我是中國人」。因為被政治洗腦了。不敢說自己是中國人，就不敢說（或內心不承認）中國是我的祖國。

可見現在的台灣人因台獨偽政權的「去中國化」，絕大多數是迷失了，「台灣人」和四川人、福建人、山東人……都與中國各省級人員一樣，沒有差別，也都是中國人。弘一大師曾說：「人生有三難，遇明師難、得佛法難、生身中國人難。」佛經《四十二章經》第三十六章〈展轉獲勝〉說：

人離惡道，得為人難。既得為人，去女即男難。既得為男，六根完具難。

六根既具，生中國難。既生中國，值佛世難。既值佛世，遇道者難。既得遇道，興信心難。既興信心，發菩提心難。既發菩提心，無修無證難。

可見能生身中國人是不容易的，但台灣經三十年「去中國化」洗腦，心中有中國只剩老一輩（如筆者、亞媺），年輕輩都迷失了，政治洗腦多可怕！使人忘本無根！使人變質！台灣年輕輩已無祖國。少數尚有祖國之心者，也不會在言談中說出，祖國成了台灣社會人際間的語言「禁區」。

由於「中國」和「祖國」的敏感性，台灣地區現在的詩人作家都盡量少形於文字，亞媺一向含蓄、低調，當然也是。但她在〈李花〉一詞，最後一句「噢！在中國海的島上」，用得真是可敬。另有三首提到「祖國」的詩，特別在這章提出共賞，欣賞女詩人高貴的祖國情懷。〈生命之歌——贈南山院長〉。

南海觀潮，天
山雪蓮綻放
你在大時代風雨中
屹立不搖，你像

一顆璀璨的星
永不被世人遺忘

你像金色太陽
是春風拂遍草露花香
你桃李滿天下
一生為文化播種耕耘

你擁握乾坤之筆揮灑
慈悲喜捨奉獻
設獎，育苗 在你身上看到
中華民族的熱血與光芒

你是龍的傳人
堅貞耐霜如松柏
燃燒一生的真情
閃爍著希望

感恩的情懷
多麼動人心弦
爲祖國爲下一代
你無私回饋社會

你愛地球
爲環保謳歌
同胞愛溫暖四季

曾經滄桑
一貧如洗，爲學費
父母親顫抖的手
是你奮鬥的勇氣

如今美夢成真
春風化雨

一千個說不完的故事
傳奇在你身上

吟唱生命之歌
長江、黃河滾滾航行
啊！願你像一盞
世紀不滅的燈

不斷吐芽的翠綠
你的名字是南山
在錦繡神洲
祝福地久天長

二〇一〇年八月　台中青山居

這首詩在台灣社會會有敏感，甚至可能產生困擾的關鍵詞如：中華民族、龍的傳人、祖國、同胞愛、長江、黃河、神州。這些詞的意涵，曾經在我們心中是多麼偉大、神聖而正常，現在都被做負面解釋，悲哀啊！

然而，亞嬿無懼、無畏，把這些本來就很正能量的關鍵詞全用在她的一首詩裡。我要讚頌這位女詩人，在妳的詩裡，我也看到中華民族的熱血與光芒，妳就是龍的傳人，妳的同胞愛一定感動所有中國人。

而女詩人把這些涵富民族情操的詞句，用來禮讚這位「南山院長」，這位院長也必是一位了不起的人，他就是中國人的光榮。從詩的內容看出，南山院長曾經一貧如洗，可能出身清寒，但他有了成就後，他不忘本，為自己的祖國貢獻心力，無私回饋社會，也是可敬的人。賞讀〈山水戀〉。

你情深似寒冬梅花
在祖國的土壤怒放

擁抱一樹笑與淚的容顏
戀情如痴如醉

走出十指山座
翻嶺的雲彩漫飛

你說我裸足上貼飾的花瓣
淺紫帶藍的繡球小小六朵
是這程山水中
最美最秀麗的風采

山水戀，何處山水？竟與詩人有了戀情！且戀情如痴如醉，可見這對祖國情懷的鄉愁，真是濃得化不開。「這程山水」可以暗示這一世的人生一程，是最秀美的風采，這輩子值得了。

創作技巧上，把山水擬人化，故以「你」稱梅花或山水。梅花又是中華民族的象徵花，詩人怎知梅花有深情？這是物我交流、物我合一的結果。賞讀一首略帶愁憂的祖國情懷詩作，〈飛花有約〉：

關山萬里
誰畫出夏日奇蹟
畫出現代月明一輪
你遞來塵緣的紫花一朵

細數星顆飾滿窗口
燈熄還怕驚醒夜色走動

你吟唱相見歡
說美麗的失眠湧動希望
誰又再度叩訪青山
敲響綠水那波浪
寂然的冷露滴落廿世紀的湖畔
地平線總隱藏悲歡離合的時光

啊！一朵塵封已久
緩緩昇起的睡蓮
在祖國這片茂盛芳香的土地
居然感染清秀的小愁與憂傷
看你底畫中有我青翠的詩蕊
我的畫裡有你魂牽夢縈的清淚

一九九二年元月　台中青山居

〈山水戀〉和這首〈飛花有約〉，都是寫意之作，把心中沈思已久的意象，捕捉並化為詩花，好飛入讀者的眼簾。第一句「關山萬里」就在形容神州大地的寬廣，亞嬿有多次祖國旅遊經驗，祖國的四季景物，必然常留她的心中，成為回憶創作的靈感來源。

但她深居台中郊區青山居，偶爾北望神州，思索兩岸近百年分合，內心難免感慨。「**地平線總隱藏悲歡離合的時光……在祖國這片茂盛芳香的土地／居然感染清秀的小愁與憂傷**」。現在兩岸問題仍在糾纏著，對很多人而言，是巨大的愁和巨大的傷！

只是詩人含蓄，把祖國憂傷淡化成飛花意象，如一幅畫，詩人以詩和畫交流，詩中有畫，畫中有詩。不論詩或畫，都是詩人日夜所牽掛的。

祖國情懷是鄉愁的昇華，而人生的「終極鄉愁」則是宗教。多數人到中年，會想到人生「最後往哪裡去？」，因而有了宗教選擇。例如，佛教和中國民間信仰是往生極樂世界（註一）；信基督上帝則去天國。亞嬿的宗教信仰，應該是佛教。丁潁曾寫信問筆者說「亞嬿常催我皈依佛教，但我想信仰在內心就好……」。我立刻寫信告訴他，聽老婆的話，快皈依，你快來不及了……我給他說了一番道理。亞嬿是佛教徒，也接受一般中國民間信仰，即儒、佛、道三家之融合，從她與大坑聖壽宮的結緣便可得知，賞讀〈頌——大坑聖壽宮〉：

仰首每張法喜的臉龐
那汗滴流成細緻的圖案

看五門之姿登峰
飛鷹山上人如潮

菩薩顯化恩主靈通洪師姑點出了
龍虎兩道，於是繁花隨風微笑
紅竹歌唱鳥兒舞枝梢
白百合、桃樹、龍眼、荔枝、
翠竹和無名小草排向天聖明道

啊！十七年的成長雲飛霧罩
暮暮朝朝誰悟多少

名與利到頭來渺渺渺
而渺渺萬物盡在宇宙環繞
瞧歷史的鏡頭拍照

並歌頌文化城——大坑聖壽宮
落成的三獻清醮，從此
香火延綿萬古長留

一九八八年夏日 台中大坑青山居

台中大坑聖壽宮，在北屯區東山路二段56號，半個多世紀前的回憶立馬呈現，東山路是我最熟悉的路，還曾從大坑圓環夜行走到中興嶺。啊！那美好青少年時代，不記得是否曾到聖壽宮參拜眾神，宮中關公、岳飛都是我所敬仰；地藏、觀世音菩薩亦常禮讚！

聖壽宮也有悠久的歷史，經過大災難（倭國殖民時，廟被毀，神像被燒，蓋欲亡其國，先亡其文化信仰）。後經地方有心人士努力改建，才有今天的規模。

民國七十四年（乙丑）農曆六月二十日奉聖示：依本宮地勢，在飛鷹山兩側建登山步道，賜名「天聖明道」。左步道為龍道三六五階，右步道為虎道一七二階，龍道立有至聖先師孔子象，虎道立有恩主公（關聖帝君）像。民國七十七年十二月十八日落成，舉行三獻清醮大典，圓滿落成。

了解聖壽宮背景，再看亞嬿這首詩就清楚明白了。飛鷹山、龍虎兩道、天聖明道是關鍵詞。信仰之外亦有所悟，名利之渺渺，均與萬物在宇宙環繞，如《金剛經》所述，眾生不過三千大世界中一粒微塵，隨因緣和合而生滅流轉！

註釋

註一 按學術上所定義的「佛教」，是指佛光山、法鼓山、慈濟、中台山等這些宗教團體為「正信佛教」；而「中國民間信仰」，是指經一千多年「三教融合」後，在中國民間所出現的「民間信仰」，是儒、佛、道三教融合的泛神信仰，如台灣所有宮、廟都是。

但佛教經二千多年流傳，也出現很多分支，如北傳中國大乘佛教、南傳（中南半島各國）小乘佛教和藏傳佛教。而中國民間信仰分支更多，可詳見：本書作者陳福成著，《中國神譜——中國民間信仰之理論與實務》（台北：文史哲出版社，二〇一二年元月）。

第五章 新疆，夢中天堂

亞媺有不少新疆系列詩作，這部份其實屬於「祖國情懷」領域，因自成一系列，故特設一章欣賞。對中華民族、中華文化不認同的人，對血液中流著中國人基因而不承認的人，對受到「去中國化」洗腦毒害的人，不可能說出「新疆，夢中天堂」的話語或詩句。這是非常清楚明白的事，雖有些敏感，但詩人都是真性情的人，心中想什麼？就寫什麼！

新疆系列作品在她的詩集中，大約有二十首，屬於比較精緻的短詩，每一首都叫人驚艷。賞讀〈沙漠小花——新疆之旅〉：

沙漠一株小花
它智慧的眼眸
吸引我，它的光芒
亮出詩的粉藍

它默默注視遠方
我悄悄望著
啊！絲路之旅
讓我無限驚喜

二〇〇二年六月　台中青山居

把一株沙漠小花擬人化，與詩人產生心靈交流。每一座沙漠都有一些植物，為何新疆之旅讚頌一株小花，這是用小花做「引子」暗示，小花都如此不凡，其他景觀就更不得了。讀一首〈伊犁河——新疆之旅〉：

誰站在伊犁河岸
等候因緣聚會之光

風笛吹過
五顏六色的黃昏

我，看見載沉載浮
詩句的眼睛
閃閃長出青葉子

啊！是伊犁河
尋找知音，將
生命之水
悠悠唱醒

二〇〇二年九月 台中青山居

我寫過很多關於新疆的作品，卻沒有站在伊犁河岸的經驗，但去過山西芮城，站在風陵渡黃河岸的經驗，對生長在台灣的中國人，內心很激動，回台後也把那種心情寫成好多首詩。

亞孅站在伊犁河岸心境又如何呢？看見載沉載浮應該是指歷史人事之起落，甚至是事件災難。而現在，充滿著希望（長出青葉），伊犁河水醒了！暗示中國人醒了！中國已然崛起。這是文字的外衍，詩沒說，讀者的延伸閱讀。另一首〈天

長地久——新疆之旅〉

人間有了雪蓮
我仰望

詩畫的天山在新疆
我相思

神秘的玻璃湖——喀那斯
讓我守住千里因緣

啊！如果我是風，我是風
來去一瞬間

天長地久，我懂得
緊緊擁抱

詩人以「仰望」對雪蓮，以「相思」對詩畫的天山，如面對朝思暮想的情人，可見新疆在詩人心中的地位，只能說「無可取代」。有如天命，命中註定！

果然喀那斯湖正是因緣註定有，詩人守住這因緣，得以相見。雖然只有一瞬間，來去如風，但懂得擁抱，這一剎那亦是天長地久。

喀那斯湖在新疆阿爾泰地區，因隨四季變色，故有「變色湖」之稱，成為著名景觀。賞讀〈夢天山——新疆之旅〉：

一庭煙雨
翻覽銀色時光
筆記中天山在移
啊！移動我的心

天山　難忘的天山
抱擁我靈魂的土地
像巍峨崇高之畫
古典而現代的詩

讀你與風聲彈琴
同雨音合奏的眷戀
啊！天山　天山
我魂夢中的天堂
何日能再回歸
在你純樸的懷抱
享受喜悅的心跳

新疆之旅回到台灣，寫下一系列的旅遊感動，「夢」天山，表示日有所思，夜有所夢，因為那是「**抱擁我靈魂的土地／像巍峨崇高之畫／古典而現代的詩**」。靈魂的土地，是這塊土地屬於我，我屬於這塊土地。

是故，詩最後用「回歸」二字，如回歸祖國，回到自己的家！這是多麼叫人感動的情操，筆者打從內心讚頌這位女詩人！再賞〈天山之(一)——新疆之旅〉

冷風寒月
靜寂的大地
我看到流星一閃的眼睛

青山小屋
讀冬夜長長的信
啊！天山
天山仍然在畫中傳音

天山啊！你是
我生命的色彩
人間桃源仙境
你是大自然最壯美的驚嘆號

戀戀秋水的窗前
絲路五顏六色之旅
越讀越遠的夢
啊！那是我
朝夕燃燒的相思

二〇一一年冬日　台中青山居

女作家喻麗清把情詩分三類：第一類是民歌形式，讀來如「歌之行板」；第二類小詩形式，歌詠情人的音容；第三類是抒情主義的「浪漫的消息」；勉強算第四類是風花雪月的擬人化。（註一）

亞媺的新疆系列作品，每一首都有情詩意涵，似喻麗清區分的一、四類。如〈沙漠小花〉「我悄悄望春」、〈紅柳〉「妳卻是我朝夕思念」、〈天長地久〉「我相思」，以及這首「朝夕燃燒的相思」，其他就不多舉。

很顯然，亞媺的「相思情」，用於祖國情懷，她是熱情的女詩人，用於人則很含蓄。所以，她不斷在呼喚天山，體現對祖國大地的相思。賞讀〈美麗的新疆〉：

想起熱情的吐魯番晚宴
瀟灑的夜色舞醉八月
我們擁抱詩的靈魂
共看兩岸燈火閃爍

傾聽生命之歌
遼闊了我的思念

雲霄中的天山
玻璃湖的喀納斯
溫柔的青春
純潔的水夢

啊！世外桃源淨土
我多麼眷戀
大自然美麗的新疆
你的回音撒落紅豆
粒粒充滿相思

二〇〇九年九月 台中青山居

兩岸同胞共織的「新疆情詩」，共同在吐魯番的晚宴唱歌跳舞，「**共看兩岸燈火閃爍**」有些暗示。若是形容星星閃爍是一種美感，若形容兩岸關係閃爍則是不安定，時好時壞，這是詩人的含蓄。

整體而言，新疆已是女詩人心中的淨土，更是祖國大地的一部份，所以眷戀。

「你的回音撒落紅豆／粒粒充滿相思」，紅豆是情人間的信物，只有情人才會有相思情，情人的名字叫「新疆」，朝思暮想啊！賞讀〈夢中天堂—新疆之旅〉：

詩中歲月，在
畫裡繽紛
飄飄然歌聲飛揚

那是放牧
天山的雲彩
黎明的露珠兒
歡迎盛開的花

那是雪蓮輕聲説話
那是喀那斯湖神秘的笑靨

啊！太陽神
照在水歌翅上

它唱醒我的夢
天山，天山是我夢中天堂

在兩岸較開放期間、新疆（南、北）、絲路是很多台灣同胞最愛的旅遊行程，很多人對新疆的印象和看法都很正面。但隨著台獨偽政權破壞兩岸關係，大搞「去中國化」，導致現在出現變數，連旅遊也嚴重受到影響，實在很可惜！更是罪惡、罪人！

幸好，新疆的美好永存在詩人心中，化成詩作，把這「夢中天堂」介紹給更多人知道，讓更多人去追尋這個天堂。當然詩品會穿透時空，進住歷史！

關於「喀那斯湖神秘的笑靨」，來自「喀那斯湖怪」的傳說，以及雲海佛光之謎、浮木之謎、變色湖之謎……吸引更多好奇者來探險獵奇，也是詩人創作的最佳素材，喀那斯也有「天堂」之美稱。賞讀〈夢迴新疆〉：

夢
似流蘇彩虹
若隱若現，掛住
銀色的窗

魂夢無界，絲路馬蹄飛煙
驚喜、奧秘、神傷
在它懷裡我小心燃點
故鄉，煙花的燦爛

叩醒漂泊的詩畫
藍光夜空，我
多次忘情
眼眸裡星星如花

那年，走進靈性山水
禪夢暮暮朝朝
天山雪蓮，喀哪斯湖
常駐天涯

今宵掀簾，微微風
又是新疆夢迴
又是琉璃夜輝
我，被包圍
深藍的閃電

二〇一六年五月 台中青山居

總的來欣賞亞孅姊的新疆系列詩作，不是一般的旅遊詩。一般旅遊居於好奇、玩賞或打發退休時間，到了目的地，打完卡、照完相證明「到此一遊」，一切就結束了，從此以後再也不會想起這個地方。

如蘇東坡這首詩，「廬山煙雨浙江潮，未到千般恨不消；及至到來無一事，廬山煙雨浙江潮。」本來就無事，不會有想思情，也不會夢迴浙江潮。（蘇東坡詩也有多層次禪意，不再贅述）

這是亞孅詩不同亦不凡的地方，未到新疆時，新疆已是她夢中祖國的天堂，到此一遊是踏上祖國的土地，內心無限激動和感慨。短暫一遊，但這夢中的天堂永遠存在她記憶，十年、二十年……是她一生感情的寄託！

註釋

註一 喻麗清編，《情詩一百》（台北：爾雅出版社，民國七十二年一月一日，三版），頁一一一一四。

第六章　因緣、佛法、禪意

朱光明先生在序中談亞孅的詩，最愛絮語是花，各種花，尤其是蓮花，便有一絲禪意；且這禪境在亞孅的另一支筆—素樸畫之中，更見精妙，與白話詩同樣純真，即顯當下就是禪境。

若從因緣、佛法、禪意這些意涵來賞讀亞孅詩作，純大多數都可以從這三個關鍵詞切入，差別只在意涵之顯或隱。由此也證明她的人生修行是有成的，她長期在聖壽宮（筆者並不清楚她在宮中角色）。不論是做什麼？都是一種修行，體現在她的現實生活，內化成思想，外化成行為或文學藝術創作。

這章就以「因緣、佛法、禪意」三核心為主要意涵，選擇幾首較有鮮明體現的詩欣賞。賞讀〈因緣〉：

菩提樹下論說三世因果
南普陀寺中話及法輪常轉

為因塵緣難遁
至歸去那日

在哪個作畫的季節念止
哪首聖詩的頂禮中入定

哪片天空原野自悟
哪個繁花褪盡的叢林涅槃

二千五百多年前，釋迦牟尼佛在菩提樹下金剛座上，第一個悟出的大法就是「因緣法」，即宇宙間一切都是因緣和合的結果。是故萬事萬物，緣起則生，緣去則滅，便是宇宙一切世界之實相。所以《緣生論》說：「藉緣生煩惱，藉緣亦生業；藉緣亦生報，無一不有緣。」

這首詩就在彰顯佛法的三世因果、因緣觀，以詩傳播自己所修得之因緣法。詩中「涅槃」二字，一般對佛法沒有認識的人，常和「死亡」劃成等號。斌宗大師曾說：「如果死就是涅槃，那末，狗死則曰狗涅槃，乃至雞死則曰雞涅槃。這一來，未免太笑話了。」按大師所述，涅槃本意是圓滿解脫、圓證三身、不生不滅等義。（註一）賞讀〈放生〉：

1

沿街被叫賣
來到崇德路邊
山裡的人，來自埔里
在你甲骨文的脊背
冷酷地穿孔
並以橘色繩連打死結

2

你也是長命的動物
娘說壽配天地是龜鹿
你亦是，啊！十年的你

3

認領了你
看你目不移轉的眼珠
沉深如海，可憐的小動物。

4

文化城落雨的黃昏
我底髮膚輕貼
七夕涼雨的音色
困於尼龍網的你，心情
相信零亂且潮濕

5

時間那底片
正穿梭聚散人潮
急越生命紅綠燈
你我同等疲累、焦慮

6

天空的硯台越磨越濃
魔術雨豆子更密
靜臥車廂的你
想些什麼？

7

山中小居
鼈是陌生的，怎不食飯粒
可憐，你懷念故鄉吧！

8

千江召喚
萬河閃光
明晨，願帶你返水晶宮
啊！難過的七夕

一隻浪跡天涯的鼈

一九八七年八月　台中青山居

這首詩讓我想到，大約四、五十年前，台灣地區各夜市，從基隆、台北、台中到高雄，幾乎所有的夜市，一攤一攤，都是烤鳥、殺蛇、香肉、龜、鼈肉……舉凡台灣郊外山區有什麼動物，夜市就殺什麼、賣什麼！大家也不為意，照吃！啊！那是個什麼時代？

現在雖進步、改善很多，但不好或不正確的事仍多。如各寺廟附近，常見叫賣動物讓人買去「放生」，很多情況放生等於放死，叫賣太多，有信仰的人多很慈悲，也很難處理完善，畢竟這問題很複雜。

至少詩人是有信仰的人，她看到小動物的苦難，發出慈悲的聲音。以「你」稱小動物們，也表示詩人是從眾生平等的基準發言，「**你我同等疲累、焦慮……靜臥車廂的你／想些什麼……你懷念故鄉吧**」。詩人與眾生平起平坐，關懷弱勢。另一首也是一種慈悲放生，〈訪客——小灰蛇〉。

凌晨六點

開木門，鐵網門
梳髮時，欄杆外正綻放
對我凝眸的寶蓮花

鐵網門再開
門口內，一條
約2尺多的小灰蛇
牠貼在地面圍一圈
像是作夢

趕緊拿起鞋子，將牠推出門
牠似乎沒有受驚
第三次牠才緩緩地、軟軟地
在微風裡爬走了……

二〇一九年九月二十八日 台中青山居

記得小時候，那時的大人碰到這種事，定是打死牠，自己年輕時有樣學樣也照做，若是家裡捕到老鼠也一定判牠死刑。中年後，我接觸到佛教的眾生平等和因緣觀，才對往昔做的產生反省，後來都送郊外放生。

這首詩所述，也是詩人發自慈悲心，她尊重眾生生命，無論多弱小的生命，牠們和我們在精神意義是平等，不能傷害牠。我聽一個大師說過，放生（正常的）行為，形式上救了牠們，實質上我們救了自己，使自己的層次昇華，我想也是。

賞讀〈禪夢〉：

知道你不再回來
有情世界，你
已無情離開

告別今生禪夢
星宴下聽風
想靜寞的你

你住哪個界

目光從果香林繞過
螢火的晚上
孤獨是你，沉寂是你
你已不眷戀
人間淨土
只說，留住生命曾經喜悅
留住禪夢是一輩子
美麗的季節

因為「禪」即不立文字，又不能言說詮釋，只能是個人的心領神會。有人問禪師：「禪師！你是怎麼修行？」禪師回答說：「我就是吃飯和睡覺。」問者反問：「我們也吃飯睡覺，難道不是修行嗎？」禪師搖頭說：「你們吃飯，挑肥撿瘦，食不甘味；你們睡覺，翻來覆去，輾轉反側，睡不安眠。可是我吃飯，菜根都是香的，吃得很有味，有什麼吃什麼！我睡覺不想別事，睡的安然。因此，同是吃飯睡覺，效果不一樣，境界也不同。」

所以，禪就是一種生活，不是獨居深山。明朝大思想家王陽明用一首詩講禪即生活：「飢來吃飯倦來眠，只此修行玄更玄；說與世人渾不信，卻從身外覓神仙。」

筆者與亞媺並無深交，僅數面之緣，但認識一個人，有時不須深交、用心或花很長時間，這很奇妙。按我對她的理解，她在台中青山居的生活日子，應該是頗有禪意的，數十年生活自在。

〈禪夢〉這首詩好像送別一個朋友，而這個朋友的今生今世在人間的生活，也頗有禪意。詩人想為朋友的生命旅程劃下一個完美的句點，如一場「禪夢」，真是最好的送別詩。賞讀〈鳳蝶之葬禮〉：

凌晨的庭院
竹架上看你冷了的雙翅
仍然艷麗的黑鳳蝶

栩栩如生的你
靈魂卻已出走
人間與你無緣

大漠原野你飛越
燦爛的麥田你翩舞
如今蝶夢已逝
再往哪裡誕生？

低頭埋了你
黑鳳蝶
百年流光湧動如昔
我噓下感傷

一聲阿彌陀佛
滿地萬年青的葬禮中
有過一隻蝶的歸去

一九八二年十月 晨於大坑青山居。

後記：晨起澆花，看見巴掌大的黑翅綠白斑點的鳳蝶，躺在竹架上。想起人生亦如蝶夢，誰也不知來去何方？心靈有種悸動，遂將它留在秋日的園裡。詩成，以紀念陌生之蝶的歸宿。

蝶、夢蝶、蝶夢，古來就是文人雅士的專愛詞彙，甚至古龍武俠名著《流星蝴蝶劍》，也吸引很多粉絲。本名周起述取個「周夢蝶」筆名，織一生的詩人蝶夢，又以禪入詩，使他的詩更富禪味，成為這個時代的傳奇詩人。人生也如一場蝶夢，亞媺亦如是感傷！

一聲「阿彌陀佛」，象徵救度一切苦難，超越生死，鳳蝶就安心去轉世，牠往哪裡誕生？自有牠的緣、牠的業。而可確定的是，經過這場葬禮，鳳蝶和詩人已結下深厚的因緣。

看似一個小小的慈悲心，已結了「善緣」，作了「善業」，未來必得「善果」。《光明童子經》說：「一切眾生所作業，縱經百劫亦不亡；因緣和合於一時，果報隨緣自當受。」

佛教講因、緣、果，因果之間尚有重要的「緣」，而因是「業」主要部份；到了形成果報之間，加上這個「緣」的條件，當「業」醞釀到一定程度，就必然產生因緣果報。

談因緣果報，只是這首詩的衍繹思索。詩人主要是因有一顆柔軟慈悲心，為蝶逝而有所感傷，為牠埋葬、送行、超度；有感人生百年，也不過如一場蝶夢，這樣一想，很多事便能放下，並活在當下。

註　釋

註一　斌宗大師，俗姓施，名能珏，一九一一年（辛亥）生於鹿港，一九五八年（戊戌）圓寂。十四歲時逃家出家，十七歲時結茅獨居汴峰（台中市郊頭汴坑），後成一代大師。關於「涅槃」，可參閱大師講《般若波羅蜜多心經要釋》，中台山寺印，民國九十年九月。

第七章 文學之旅，詩人的大拜拜

年輕的時候爬了很多高山，台灣百岳前二十名大概都走過，有的不止一回。到了三千公尺以上高山，經常看到箭竹、高山杜鵑、冷杉等，一大片各自成為一國，如箭竹林就不長別的植物。有個植物系教授說，這是演化機制「物以類聚」的結果，生物皆如是。

這種演化機制上的物以類聚，在人類社會表現得最鮮明。例如，詩人參加詩人的活動，跳舞的人與跳舞人一起，搞政治的各成一掛。若範圍再縮小，光是詩壇上也有很多不同的「圈圈」，越是性情和信念接近者，越能成為一個小圈圈，共同活動或辦詩刊等。

所以，觀察詩人所參加的文學活動，也可以判斷出很多有趣的事。例如，參加《葡萄園》詩社活動的定是「統派」詩人，文曉村走後可能「鬆動」些。參加《笠》詩社通常是「獨派」詩人，而《秋水》雖說是遠離政治意識的一方「淨土」，若有獨派詩人不小心踏入《秋水》，也一樣「活不了多久」。以上這種奇怪現象，已成為一種通則，絕大多數的台灣詩社皆如是，少有例外，不得不說這也是台灣奇蹟。

詩人參加文學團體活動，除了是興趣也利用機會見見詩友，更是生活上一種「出口」。凡走過必留下痕跡，詩人活動是「詩的行腳」，人生短暫，你曾經去過哪裡？與什麼社團結了緣，詩人會用詩留下「證據」。賞讀《致《秋水》——紀念秋水詩刊二十週年》：

遙遙遠遠，一幅
山河圖的引導
海峽兩岸
正暖日生煙
藍洋歌頌

看！
秋日的溫柔綻放震撼的詩篇
水色的夢痕浮出曠世的畫面
啊！

靜靜談論因緣的妳
怡然仰首向日的光芒
難得二〇歲堅貞的成長
真是中國的驕傲

一九九三年十月 台中青山居

《秋水》詩刊早年由古丁和涂靜怡創辦，古丁早逝，此後數十年由涂靜怡大姊領導約十位粉絲，且由涂姊負責經營維持和主編，這首詩就是讚頌涂大姊。

詩特別把「秋、水、靜、怡」四字，排在中段行第一字，是詩人對大姊的個人禮敬。進而把大姊編《秋水》的功德提高，上昇到對國家民族的貢獻，「**遙遙遠遠，一幅／山河圖的引導／海峽兩岸／正暖日生煙……眞是中國的驕傲**」。《秋水》以詩的「軟實力」，幾近完美的做到兩岸人民交流，確實大功一件。賞讀〈詩的琉璃花——記十五屆世界詩人大會〉：

詩與酒的晚宴聚環亞

難忘的天堂鳥翔九重天
一群群舒展
四十多國詩人的約會

燃亮燈
燃亮人生的舞台眼
聽聽來自世界的桂冠詩人
朗誦彈琴表演的神采

誰邀明月投影
誰又採菊苗
摘星星
千水千山流放
詩心牽手合歡

台北天空下
詩的琉璃花盛開

我幸運地從聖壽宮趕來
燃一盞出塵的心燈
聽風穿越，雨敲鑼
霜點遲在深谷徘徊

啊！誰以妙智慧朗讀
詩的靈魂來回流連
詩的豪情
結在中國之夜的秋天

後記：為紀念世界詩人大會成立二十五週年，第十五屆世界詩人大會於民國八十三年八月二十七日到三十一日，於台北市舉行，當日有四十餘國，四百餘位詩人與會。

亞媺的「中國情懷」之堅定，讓我再一次讚嘆！她對「生身中國人」的光榮和認同感，直白而真誠以詩句表達出來。在致《秋水》她稱「**眞是中國的驕傲**」，在〈李花〉稱「**在中國海的島上**」，而這首世界詩人大會「**結在中國之夜的秋天**」。

啊！禮頌亞媺！我要稱她「現代中國愛國女詩人」。

民國八十三年世界詩人大會在台北環亞飯店，一連舉行四天，為世界詩壇的盛事，亞媺和丁潁一同參加。夫妻同是詩人，有共同理念、興趣和對中國的認同，真是世間最大的幸福。賞讀〈文訊情〉：

真心向日花飛香
情誼詩會筆畫濃
相見年年文訊愛
擁握青春隨到老
歡欣靈動文訊情
聚少離多更珍惜
恆星閃耀照宇宙
久久長長迎重陽

後記：二〇一九年十月四日，參加台北《文訊》三十一屆文藝雅集「真情相擁，歡聚恆久」的聚會紀念。

每年由《文訊》雜詩主辦的「重陽節文藝雅集」餐敘，應是台灣地區規模最大的「文藝大拜拜」，只要滿六十五歲的資深詩人作家就可以參加。每年都在台大國際會議中心舉行，參加者都有數百人，盛況空前。

近幾年筆者亦每年參加，印象中亞嫩和丁穎於二〇一七年參加，一八年未見到，一九年這次參加留下這首紀念詩，二〇年也未見到，大概路途遙遠，來回要一整天時間。賞讀〈九月的文學森林〉：

九月是詩畫
詩心遨翔的季節
我們從文化城喜悦的
趕來約會

紀州庵的文學森林
藍空下擁抱
文學　老樹　芬芳的情懷
那是幸福緣份

問前世今生
思念追尋呼喚
啊！大地歌聲
是文學森林的靈魂

微風吹遍山川
鄉愁浮盪古今
我們在此燃亮
故事的光芒

文學路閃爍
紀州庵的人生舞台
我們分享書香茶香
綠意盎然樂音幽美的小天地

後記：民國一百零一年九月三日，台中市政府邀「文學之旅」，參訪「紀州庵文學館」留詩以誌。

住羅斯福路附近，早晨散步、健行都在溪邊，不經意就會走到「紀州庵」，一座很小的倭國殖民時期木造房子。旁有幾棵老樹，好乘涼沈思。

對亞孅姊而言，大約就是台北一日遊，紀州庵常有文學活動。一趟走馬看花之旅，詩人把詩境上昇到前世今生的追尋，並且「**微風吹遍山川／鄉愁浮盪古今**」，似乎對台灣史的感傷，倭國殖民毒害後患，至今仍在肆虐著島上的中華子民，怎不感傷！賞讀〈地久天長——賀文藝雅集三十屆〉：

輕輕的、輕輕
燃點雅集之燈
火焰是詩的溫度
風華相會，閃爍的美

菁亮三十話重陽
回來了，一年一度
人間溫暖的歌聲

紅塵舞台上
迎接你們
茶香、酒香、菜香，陣陣
撲鼻而來的書香
詩香滿座
九九的地久天長

二〇一八年七月十二日　台中青山居

二〇一八年的文藝雅集在十月十七日舉行，主題是「菁彩三十、風華相會」。現場播放丁穎的文學之旅影片，座位表找不到亞嫩名字，這首詩寫在七月十二日，判斷她應是人未來台北，事先寫一首詩以表祝賀。

自從封德屏負責《文訊》，每年重陽節的老作家詩人之「文藝雅集」，辦得週到又貼心，參加都數百人。而且統派獨派無派等詩人作家都參加，大家都很期待。

二〇二一年已到九月中（筆者寫本文時），尚未接到通知，應該和疫情有關。目前雖疫情已緩，但潛在危機仍在，大家也只好等待了！（註：本書將出版前，收到《文訊》通知，今年重陽文藝雅集，改十一月二十六日舉行。）

從這些文學之旅看，亞嫩姊屬於「隱居型」女詩人，因為「青山居」風水好，是女詩人織夢的好地方！

第八章 「青山居」織夢

不斷翻閱亞熾這本《亞熾詩畫精選集》，感覺不論她的畫或詩，每個詩作都是詩人的一個夢境，而這些「美夢」都在她的「青山居」織成。青山居必是一個織夢的好地方，筆者青少年時期也曾在那裡織夢，可惜因緣不久，但那終究是我遙遠的夢，一生都難忘！

詩集前面的畫，每幅都像一個唯美而難解的夢。〈千山之外〉、〈人生系列〉、〈絲路之旅〉、〈中國之夜〉、〈花語系列〉、〈生命之歌〉、〈夢迴江南〉、〈蓮花仙子系列〉……像夢境一樣的畫，不知如何解夢？相信佛洛依德未必解得清楚！

不僅她的畫中有夢，她的詩中夢更多，朱光明先生覺得是禪境，我則覺得她的詩意境多於禪境。雖然青山居還屬台中市範圍，只是近郊，重點在詩人長期「心遠地自偏」。這章選讀幾首她在青山居織出很有意境的詩，〈春秋夢〉。

你是候鳥
常臨
北西湖畔

中國的雪花
你最熟悉
懷念

沙漠之風
最熱
冰島之雨
最涼

人間冷暖
我似乎
失去感覺

海角有你
天涯留我

你我半生
是春秋卷上，半圓
而流浪的一簾夢

青山居是詩人這輩子的「夢工廠」，她的詩，畫都從這「工廠」產出，短句的視覺會自然產生空靈意境感。一個女詩人有什麼春秋夢？

大人物有春秋大夢，如孔明北伐、鄭成功反清復明或老總統的反攻大陸，是偉人的大夢大業。吾等平凡小老百姓也有春秋小夢，女詩人已修行到以平常心看人間冷暖，「**你我半生／是春秋卷上，半圓／而流浪的一簾夢**」。能和有緣人半生同行，曾有神州大地賞花看月，這個春秋夢算是獲得實現。賞讀〈真心〉：

真心似琉璃
你點亮燭燈
畫蓮的投影

曉風殘月
星空沉寂，只有
草原呼喚頻頻

讀霞霧，燃煙雲
靜寞的人生
詩的靈魂，讓
你我努力追尋

思念
一節一節流浪
歌聲也是

時光旋舞銀色隧道
穿越人間福路的
是盈盈秋水

今晚天冷
真心是詩
這裡浪花海島歸帆
碧綠窗口，天藍藍

你住千山外
岸前，看潮水
推醒紫貝沙灘

你是懷鄉的雲朵
真心隨詩相望
這裡畫裡桃源
啊！是夢中梅月

二〇一一年元月　台中青山居

這是一首「寫境」與「造境」的交融，寫境是客觀景物引起的詩人感悟，如「**曉風殘月／星空沉寂，只有／草原呼喚頻頻**」。草原不會呼喚，是詩人自己內心的呼喚，呼喚什麼？當然就是生命旅程中，最想要追尋保有，無疑的，就是一顆真心。

「造境」的重點，是創作意境，即是寫意，「意中之境」往往只是一種理想。如「**眞心似琉璃／你點亮燭燈／畫蓮的投影……詩的靈魂**」，人在這五濁惡世要保有一顆真心很難。（註一）但自古以來，中國詩人是最有真性情的稀有物種，是故中國詩人較能保有真心，加上亞媺有宗教情操修持，她的真心更純；並將她的真心表現在詩、畫的情境，乃至體現於生活，這便是人生的境界了。賞讀〈卜夢〉：

1

與蒼松填詞扁柏吟詩
是瀟瀟雨歇心情
幾匹舞風的葉瓣
兩岸飄來
留下尋思二段句子

2

萬里山河誰獨行
把酒恭祭明月星星

3

天簾外
驚見故鄉那扇朱色門
閃爍的眼珠
彷彿海棠帶淚的影子

4

覆蓋的圓傘下
散聚悲歡的舞台
悄然如蓮花開落

5

誰撥時光的弦琴
翻嶺涉水
卜一席禪夢
留人間

一九八五年秋日　台中青山居

寫意之作仍從現實生活中煉出，並非全是空想。從詩人的青山居到大坑，再上去到中興嶺、新五村、水井、新社，可謂是台中市的「後花園」有無數步道、典雅的茶館，那些步道也是我的鄉愁。

亞媺走在這些步道上，「**與蒼松塡詞扁柏吟詩／是瀟灑雨歇心情／幾匹舞風的葉瓣／兩岸飄來／留下尋思二段句子**」，留下很多詩與畫。

在青山綠水間解放自己，人的思考更深更寬廣，詩人在想什麼？人生都是千山獨行，揮不去的鄉愁，國家民族之憂。「**彷彿海棠帶淚的影子**」，這是吾國近代史的影子吧！個人太渺小，無力回天，就當成人間一場夢。賞讀〈千山禪語〉：

從塵煙處
走向
青色山居
開始不去懷想
曾是雲霧薄薄的紗翅

臨過窗前
青苔路亮麗如絲帶
我輕輕轉過身子

拾起途中的枯枝
發覺簾暮已深垂
紫蘇也有冷露的淚

帆影在岸邊
繁花遞詩蕾
點點滴滴的雨啊！

遙遙，遠遠
仍在深邃的境界
千山的禪語啊
誰來輕唱
唱——千山的圓寂

一九九二年 台中青山居

靜寂的生活如詩，青山居是醞釀詩的夢工廠，附近許多青山步道，一路所見都是詩，如前首詩扁柏也吟詩。（其實是詩人心中本來就有詩）但清淨的生活，詩人多所感傷，前面海棠帶淚的影子，這首「**紫蘇也有冷露的淚**」。是感傷人生、社會或國家？「**發覺簾暮已深垂**」，不覺間，半個多世紀瞬間過了！能不感傷乎？賞讀〈酩酊〉：

剪霧色的微醺，以及

秋海棠的嬌紅

夢痕線上
我底髮叢遂織一朵山綠
一朵野葵的燦然

哦！翠谷
且以一片雲彩的微笑
溶我靜默的眼神
溶我軟軟的凝觸

不想歸去，那夜那星
那縹緲的虛無

一九九三年五月 台中青山居

亞皺這本詩集也可取「夢」為名，因為「夢」字出現最多，無夢的詩作亦如夢境，她的畫、詩皆如夢。讓我想《金剛經》四句詩偈：「一切有為法，如夢幻泡影，如露亦如電，應作如是觀」。詩人信佛，必持誦《金剛經》，亦必受影響。

這個酩酊鐵定不是酒醉酩酊，而是對宇宙、自然、人生的真相如何？從哪裡來？往何處去？如酩酊之無所知。感覺一切都縹緲虛無，這是詩人的感慨與謙虛。

賞讀〈秋聲第一葉〉：

穿上被溫柔風
揚起的碧紗衣
我悄然走過
一座陌生長亭
木橋下幾片飄葉
低問漣漪
是誰驚走寧靜

我意外撈起
藍色思情
默數夕陽晨星

鞋子交替的叮嚀
瞧瞧天空正撥弄
神秘的言語

我急急
欲聽時光的回音
想起似動還寂
如詩亦畫的心靈

啊！昨日今日明日
我走著
繼續
在隱藏一簾
鄉愁的秋涼裡

一九八一年秋日 大坑青山居

有豐富的詩語言，意境意涵都很深，如「**木橋下幾片飄葉／低問漣漪／是誰驚走寧靜**」、「**鞋子交替的叮嚀／瞧瞧天空正撥弄／神秘的言語**」。有我之境和無我之境的情景交融，乃能有情與無情對話，甚至無情與無情對話（以物觀物）。

而追根究底，是詩人內心的自我對話，日子一天一天的過，心中思索的問題問天，天亦無解。這人間道上，秋風秋雨，總有幾分愁。賞閱〈再讀秋水〉：

是秋水眷戀
金色回憶相思綿綿
是秋水穿越六月
傳神21世紀台北的雲天

藍藍藍藍信箋
流光是紫色詩蕊
爍爍閃閃，捧不住
柔軟的小小雨點

啊！雨灑秋水

輕輕的灑落千山萬水
天上人間

織夢的彩虹
春風秋雨雲煙
琉璃窗前，我靜靜的
再讀秋水

如歌，怡然的季節
秋水啊！詩靈似浪，詩淚如星
我呼喚著，呼喚
魂牽夢繫的桃花源

二〇一四年六月 大坑青山居

《秋水》基本上是女人的圈圈，女詩人的桃花源和理想國，主張唯美浪漫的詩風。亞媺和《秋水》結緣很早，從第二十七期（一九八〇年七月）開始，就有作品發表。（註二）難怪她對秋水（涂靜怡姊妹們），會感覺到魂牽夢繫！

但《秋水》到一六〇期（二〇一四年元月）劃下完美的句點，屬於涂靜怡的《秋水》就此結束，終刊號也有亞媺的作品。之後，屬於綠蒂（王吉隆）的《秋水》持續發刊至今，那已是另一個「圈圈」了。那美好的「金色回憶」雖已過去式，想起來依然「相思綿綿」，因為人生終究逃不出〈緣〉：

除夕到元宵
梵音傳唱的飛鷹山上
我守候金色黎明
看東方那輪光芒
從福壽亭升起

雲彩飄過天聖明道
春日多瓣的海棠
草花的眼睛
一路亮到停車廣場

點燈而行，立斗寫文疏
誰讀懂綠色詩章
暮鼓晨鐘
誰又領悟多少

人生如露短暫無常
願我們惜福惜緣
感恩包容寬恕
留住含笑花的芬芳
將大愛播種

心與心牽手
許個願吧！
來生再來聖殿結緣

二〇〇二年春日 大坑青山居

「春節」是中國人最重要的傳統節日，所以從除夕到元宵這半個月都算春節期間。民間各宮、廟、寺也有很多活動，內部有很多法會，外部則配合民俗，也有各種愉樂活動，以吸引人潮。

捕捉了春節期間，聖壽宮各項宗教活動鮮明意象，同時從「緣起法」詮釋此生與聖殿的結緣；再藉此期許（自己和有緣人），人生無常要惜福，短暫相聚要惜緣，多存感恩之心，散佈大愛的種子。

每個詩人都有一個織夢的「窩」，筆者也有個「萬盛草堂」，通常是詩人所住很久並喜歡的家園。許多詩就在這窩裡誕生，亞媺的「青山居」，除了生出詩，也生出畫，期許她生出更多產品。

註釋

註一　「五濁惡世」，是《佛說阿彌陀經》所述，五濁是：劫濁、見濁、煩惱濁、眾生濁、命濁。這個世界又惡又濁，永遠都不會有世界和平，只有我們內心可以和平；社會永遠也不會清淨，只有我們內心可以清淨。

註二　涂靜怡，《秋水四十年》（台北：詩藝文出版社，二〇一五年五月四日增訂版）。該書附有很多早期照片，書末有各期詩人名錄可參考，許多活動有亞嫩參與，她也是「秋水詩屋」創始人之一。

第九章　蓮花意象鮮明

亞嬿的詩畫集有不少花系列作品，其中蓮花出現最多，意象都很鮮明。她的畫在「蓮花仙子系列」（油畫、粉彩），很多不以蓮花為詩題的詩作也有蓮花意象，如〈生命之歌〉、〈詩情〉、〈禪音〉等。

她的詩畫多蓮花，這和她的宗教信仰有關。在佛教和中國民間信仰裡，蓮花都有重要象徵意義，蓮花是佛教的象徵花，世人最常見到是觀世音菩薩坐於「蓮花座」上。所以蓮花入詩可以豐富詩的內涵，增加禪意，更有淨化的作用。本章就賞讀幾首以蓮花為詩題的作品，〈永生的蓮花〉。

你來自古老的中國
蓮花之湖
在乾涸的湖床，一躺
就是一千二百八十八年

冰清玉潔
出污泥不染的睡美人
蓮花啊！
你聖潔的種子
聽說
在十三世紀馬可波羅
到中國時就已存在

難以置信
我們的福份
能從晚報讀你
讀你
千年醒來的驚喜

啊！只有四個晝夜
你就抬起

新綠
仰首
向人間探訪

蓮花啊！永生的蓮
紅塵有你不凋的生命
世界有你和平的聲音

千年後捧讀蓮的消息
誰知，這殊勝的因緣
令我深深感動
淚，滿臉
落在微冷的秋天

後記：報載一粒沈睡在乾涸的湖床，一千二百多年的蓮花種子，經科學家培育，在四天內生出新芽，為人類提供長生不老之訊息。讀文有感生命的奧妙，造物者的神奇，是以記之。

在當時是個大新聞，筆者也知道這神奇的消息，驚動一些科學家，研究蓮種子的長生不老術。目前人類正進行宇宙之旅的可行性研究，就卡在這關！

如神話般的感人故事，感動了詩人留下詩記。在觀世音的傳奇故事中，說到遠古時，有三朵蓮花，一朵被王母移上天宮，種在瑤池；一朵佛祖帶往西方，做了蓮臺；一朵在人間的須彌山雪蓮峰，專為等待有緣人。

這朵「永生的蓮花」，除了讚頌蓮花聖潔，也有不少想像（期許），「**不凋的生命、和平的聲音**」，經千年沈睡而復活，怎不叫詩人感動！詩頌這人間真實的神話。賞讀〈說蓮〉：

你說
滿湖的蓮是我
湖水千層柔
說我懂蓮的語言
寄情水歌
化蓮凝眸

說清純的花葉像我
似笑非笑
藏你心扉
至老始終不變

時光流逝如虹影
留歡笑淚痕寄人間
地久天長
也無法磨滅
故園秀麗的山水

啊！再轉身
你說
也依然對蓮銘心
依然千般的懷念

一九九五年春 台中青山居

在詩的創作技巧上，有一種「以我觀物、以物觀物」，進而創造「物我合一」的境界。例如，寫大海詩人便是大海，寫飛鳥詩人化成飛鳥，說蓮詩人就是一株蓮。

女詩人愛花，蓮花則是眾花之中她的最愛，所以她的畫有很多「蓮花仙子系列」，詩作也有很多蓮花意象。這象徵什麼？代表何種意義？應是不難理解。詩人期許自己就是一株蓮花，生命形像和實際生活都如一朵蓮花，出污泥而不染。「**滿湖的蓮是我……再轉身／你說／也依然對蓮銘心／依然千般的懷念**」。這輩子是一朵蓮，下輩子還要當蓮花仙子，地久天長亦不變。賞讀〈新市的蓮花〉：

那蓮花，好美好媚
正迎風搖曳
將我午睡的眼神
牽往含苞的紅顏

那蓮葉，好嫩好圓
瞧它綠浪重重疊疊

詩意的語言
四季始終不變

蓮花、蓮花
但願我是你身邊
那池溫柔詠唱的麗水
朝朝暮暮與日月同醉

一九八〇年七月　新市。

後記：日前南下，乘午後普通列車返中，火車經過永康，進入新市與善化間，一大片皎美的蓮和翠葉，令我難忘，於緩緩前駛的車廂裡，留此詩以誌。

自古以來，中國詩人都是「多情種」，屈原、李白、杜甫、李後主……乃至現代詩人，如涂靜怡姊妹圈都是。故，傳統中國詩學就有「詩者，吟咏情性」之論。尤其女詩人，以其柔性天成，最能吟咏情性，台灣地區更以《秋水》詩人為典型代表。

說實在，火車速度快，駛過蓮花田，就是真的白駒過隙，忽然而已。這一瞬間，已在詩人心中掀起千層浪，心思已走過蓮花的前世今生，並有了一個美麗的願望。這就是詩人的神奇！賞讀〈九品蓮花〉：

從盧府蓮花鄉
移植，在飛鷹山上
琉璃池

喜悅的雙手
不停搬運
紅塵泥
有軟硬的心情
全都爲妳選擇的良辰
而落地

七月很熱
七月的歌聲很長

七月有美麗的七巧神話
七月因妳移居
更令人感觸
生命的溫暖

看盡繁花翠葉
開謝無常
凝眸中
如何描摹
冰清玉潔的容顏

啊！蓮花仙子
何日降人間
九品蓮花
何時顯現

一九九六年七月　台中青山居

按佛經上說，一手做說法印，結跏趺坐在蓮花臺上，此乃釋迦佛祖修道成佛後，向信徒們講經說法的姿態。蓮花象徵「六塵」不染，就是希望信眾能有一顆純潔的清淨心，才能順利進入佛國淨土。

從盧府移來一株蓮花，種在琉璃池，詩人除了喜悅還看到什麼？相同之物不同的人所看，層次都不同。佛教有五眼（肉眼、天眼、慧眼、法眼、佛眼）之說，凡夫肉眼看蓮花就是蓮花，天人天眼可透視蓮花，羅漢慧眼能從一朵蓮花看見整個夏天，菩薩法眼能從蓮花看到因果，佛眼可從蓮花看通萬物，一眼就看透萬物本質是空。

亞媺又從移植的蓮花看到什麼？「**看盡繁花翠葉／開謝無常／凝眸中……九品蓮花／何時顯現**」。詩人的心都是敏感的、柔軟的，加上長期有佛法上修行，看蓮花即非蓮花，而是無常法。

在一些不以蓮花為詩題的作品，也常出現蓮花意象，把詩的內涵衍伸得更豐富。如〈秋日思念〉一詩，「**蓮開，蓮謝，蓮再生／總有一顆顆／不滅，詩的靈魂……鄉愁、情愁……**」。花開花落，有如人生的來去，因為短暫，特別容易讓人引起鄉愁情愁，何處才是人生最後的原鄉？在未到達前，一切都是閃爍模糊的，這是眾生的難處。

第十章　含蓄又隱約的情詩

理論上人人都有愛情的渴望，有性的需求，而這兩者又是不可完全切割的，所謂「柏拉圖式愛情」（無性），那是不存在的，或說不是凡人所能擁有的。所以兩性之間的愛情，必存在性的內涵，性也是愛情的動因，這章所要說的「情詩」，是狹義的兩性緣於愛情的詩寫，詩中以有關男女愛情為主要內涵；對大自然、對神、對眾生之愛，不是本章說的愛情，詩寫這類的愛不是情詩。

在第二章談到，絕大多數男性詩人都大辣辣的寫情詩，甚至出版情詩集。但女詩人則極少寫情詩或出版情詩集，或偶爾寫情詩，通常也很含蓄，我賞閱亞孅這本詩集，發現她的情詩更為含蓄，只能說隱約間，有情詩的味道。這章就選讀幾首，〈詩情〉：

1

接過

十二顆紅豆
飽滿
相思的色澤

2

想你
淺草碧綠
相贈那表情

3

一路踏響
蓮花湖畔
黃的白的粉紅畫面
心靈無限感動

4

情是

透明的山水詩
初頁至最後一字的溫柔
如夢的歌聲是你
從靈魂之窗的眼睛
讀出離愁
相聚短，握別匆匆

把愛情藏在詩中，紅豆是愛情的信物。相信所有三、四、五、六年級生，年輕時談戀愛，大多會送心愛的女生紅豆。這首詩「**接過／十二顆紅豆／飽滿／相思的色澤**」，這位多情男士一下送了十二顆紅豆給女友（女詩人），而女友也接受，表示這份愛在當下是已定了下來。男女朋友的「定位」，也就此確認，其他的男生或女生，就不可再亂打主意了！

「相思」是狹義男女愛情的專用語，兩情相悅後，日夜都在犯「相思病」，思念對方，回憶著兩人在蓮花湖畔牽手散步的情景。人為什麼渴望愛情？《塔吉尼亞的小馬》裡面女主角莎拉這麼說：「世上沒有任何一種愛可以取代愛情的愛，這是沒有辦法的事。」（註一）或許，這就是愛情的偉大！

但女詩人的愛情不是「偉大型」的，她的愛情是「**透明的山水詩／初頁至最後一字的溫柔**」。山水詩自然而典雅，風格清新，不是很激情的，惟離情總是依依，在下回相見之前，都有幾分苦相思，有過戀情就知道。賞讀〈秋日小語〉：

你的聲音如歌
使我回想年輕時候
在碧園成長
紅的黃的粉藍的花朵

你的紫箋與雪花同飄
一寄再寄的相思
我一封也沒收到
祇窺見月光窗前探照
燭燈燃至心頭

你說，我同秋水一般溫柔

那時你在春日邊緣
我已踏進仲夏地面
時光交錯青春不回頭
我們把如歌的魂夢攬住
讓深情藏進心中

很抒情的小品，抒發內心情感，又能真於性情，發乎自然，還有淡香的情詩味。像這樣的詩，在她的詩集中還不少，如〈詩的小語〉、〈如夢的閃爍〉都是。〈秋日小語〉的情詩味則較明顯可感，「**你的紫箋與雪花同飄／一寄再寄的相思……你說，我同秋水一般溫柔**」。這是典型的情話綿綿，年輕時代的戀情（尤其是第一次談戀愛），最是叫人難忘，無論是否修成正果！那份情緣都會藏進彼此心中。另一首〈再讀你〉：

只能在
詩裡相見
夢中祝福

閃爍青春的
花葉是詩
魂牽夢繫的
懷念是孤獨

那是春花秋月的
眼睛
那是綠水青山的
臉龐

世外桃源的人間
你我瀟灑描繪

看紅梅遍開驛站
雪花飄泊故園

啊！發光的綠森林

全是空靈而美麗的思念

再讀「你」，你是誰？可以是任何人，很久以前的故人，再也不能相見，所以只能詩裡相見，夢中祝福。人之一生難以論長短，但一生中總會有一個或幾個有緣人，會讓人魂牽夢繫，他曾經叫詩人動情。

隨著年歲增長，年代久遠，那些記憶也會日漸模糊，如春花秋月，像綠水青山，淡化、清淨。但記憶不可能完全「刪除」，你我曾經擁有的瀟灑，如今「**全是空靈而美麗的思念**」。賞讀〈桃花源〉：

踏進雨中桃林
顏采繽紛
花香入懷
令人心神閃爍

穿過低柔桃樹林
桃花觸臉
桃枝拍肩

沿途翠綠亮向故園

你說今生歡聚是前世因緣
相贈的筆墨
正好補詩畫空間
我貼心描繪人間景緻
千絲湧動是江海
萬嶺待攝那山嶽

你以微笑點燈
帶我步入桃源
啊！是桃花芳馨的迴音
桃林淨土呼喚那麼親近

誰在淡紫夢中掀簾
將牽握的手傳遞
擁抱浪漫
而溫情的花蕊

西方有一種美學派叫「散步學派」，主張在自由自在、無拘無束的散步中，創作抒情詩歌，而這種創作觀正好和吾國莊子逍遙境界相似，用莊子的說法叫「浮游」。浮游是讓自身自由的處在大自然狀態中，使心神靈感都在自然中飛揚。

無疑的，〈桃花源〉就像詩人在自然的桃樹林中浮游，自在無拘散步中捕捉到的靈感。這過程中，主客會產生交融，除了對自然景觀的描寫，也觸動一些「情愁」，**「你說今生歡聚是前世因緣……你以微笑點燈／帶我步入桃源」「將牽握的手傳遞／擁抱浪漫／而溫情的花蕊」**。原來，女詩人擁有一座文學藝術的「桃花源」，是有一個「有緣人」帶路的，這是一份前世已種下好因緣的情，這個有緣人是誰？

總的來看女詩人的感情世界，她是一個深情、浪漫、溫柔的女生，情意的表達很含蓄，愛情深藏在心中。但若從廣義的情詩看，她寫有關《秋水》和祖國情懷常用「相思」表意，可以說她寫廣義情詩比較大膽，敢於直說愛意；而在「兒女私情」則含蓄且間接，畢竟兒女私情是個人秘密。

註釋

註一　瑪格麗特・莒哈絲（Marguerite Duras）著，繆詠華譯，《懸而未決的激情：莒哈絲論莒哈絲》（台北：城邦文化事業股份有限公司，二〇一三年七月），頁一六六。

第十一章　觀賞詩人的花系列

亞媺畫花也詩寫花，她是愛花的詩人、畫家。在《亞媺詩畫精選集》中，有很多以花為主題的畫如〈蓮花仙子系列〉（油畫、粉彩）、〈花語系列〉（油畫）、〈琉璃花〉（粉彩）、〈和平之花〉（粉彩）。其他不以花為主題的畫，也有很多花，詩人真是一個「花仙子」！

在詩的部份，也寫了不少自然界中的各種植物和花，在第9章已談過她的蓮花意象。本章則選讀數首其他花種詩作欣賞，〈月下種花〉：

繁星閃現時
大地即收集
晚課的故事
我在它

掌握的亮光中
寫下夜的一首詩

復將兩株野薑花的根
埋入，只聽見
碎石與土壤對語

斷了柄的不銹鋼刀
像一把劍，在我手心
竟然動了絕招
一顆豆大的紅珠子

像花蕾展瓣
像昔日說軫重時
遺落的淚滴

圓圓的，濕濕的
疼疼的感覺

後記：七十一年九月，大坑聖壽宮的師姐送了二株野薑花的根，帶回時天色已暗，因憐花根會枯，乃急於植入土，不慎手心被沒有刀柄的尖頂刺破，鮮血似紅花蕾，是以留詩紀念。

詩人就是詩人，日常生活中一切的事情都可以入詩，詩就是記錄生活的一種方式。在《唐詩三百首》中，詩人之間的訪友、喝酒、郊遊等，無一不可入詩。其實詩題通常只是一個引子，喝酒不會只說喝酒，例如杜甫說李白「李白斗酒詩百篇」。

這首種花也是，利用植野薑花發生的事，引到像往昔與某人的離情依依，說珍重的感覺，「**遺落的淚滴／圓圓的，濕濕的／疼疼的感覺**」。手心一顆紅色血珠是疼，別離落淚亦疼！一個肉痛，一個心疼！一樣疼痛！賞讀〈櫻花林〉：

濁水巷的櫻花林
滿山美麗的青春

獨自踏青50分鐘的時光小路
雙重瓣的櫻花好美

好浪漫的紅顏
藍天白雲映照
賞花拍攝的過客
笑聲交融

一瓣瓣詩心穿梭
櫻花、櫻花似乎對我輕語
綻放的紅唇
靈動的眼珠
秀麗的枝幹
啊！二月花魂飄動

含笑的夢在招手
我剪貼藍色詩句
夢中化成片片
思念的櫻花林

二〇一二年三月 台中青山居

典型的一首「物我交融」作品，前兩段是「以我觀物」，看到櫻花擬似一個人，可以和詩人對話，櫻花有了「紅唇、眼珠」，詩人讓景物鮮活了！

末段是事後，美景常留詩人心中，日有所思，夜有所夢，靈感予焉閃現，詩不剪貼（捕捉）化成詩，記錄這美好的五十分鐘櫻花林踏青，是一輩子的回憶。

另一首〈藍色小野花〉：

造物的奇妙
將五朵藍色小花
安排往天池的草徑
蹲下來
有人爲你拍攝描摹
你仰天靜立眺望成長

我卻想與你傾談
開謝的秘密
悄然的時光映照大地

看不出你曾有淚
也曾含笑展顏的
小小藍色花
空靈之美
讓我呆立路旁

大自然的小野花
一種光芒的綻放

突然
看你被旅人珍惜的夾進筆記
啊！誰又看見
我眼瞳閃爍無數的星星

後記：辛未（一九九一年）五月二十五、六兩日，參加彰化社教館，館長詹悟兄主辦的中部五縣市，八十年度藝文作家工作座談。在大雪山探望天池途中發現小小的五朵相依偎的藍色花。八十六歲資深畫家楊老師啟東，雲林美協會潘理事長茂昌，文友傅梅如等人帶著相機拍照，我則為小小花難忘的留下這首詩。稿於一九九一年台灣仲夏，大雪山之旅。

人生不管遇到誰？都不是偶然，必有一些因緣，如這趟作家兩日遊，同行的人都是有緣人，這是信佛教或中國民間信仰的人，很普遍的人生觀。就算不識字或無信仰的鄉巴佬，也會常隨口說出「因緣」二字，並說些道理給大家聽。

因緣觀會讓人惜緣惜福，珍惜當下，珍惜所遇到的人和物，甚至不起眼的藍色小野花，也能平等對待，女詩人就是有這樣特質的人。

最後一段似有話要說，欲言又止，忍不住還是含蓄說出。小野花被「夾進筆記」，是同行者有人把花採下摘走了，這是不當行為，但不好直說。詩人感慨「**我眼瞳閃爍無數的星星**」，眼眶都濕了！觀賞〈曇花〉：

三更未過
回憶妳已入畫成詩
成不等形的圖案

琉璃窗前
妳是被歲月鎖住的

垂首的臉
半是淚
半是冷冷的血

後記：日前到北部與文友們夜遊板橋林家花園，是夕偕外子丁穎宿王中原兄伉儷家。夜深逢庭前五朵曇花開謝，返台中是以記之於丁卯年秋日。

小時候家住新社鄉中興嶺，庭院種各種花，也有曇花。某夜，父親說今夜曇花要開，全家人搬了椅子坐在庭院，大家眼睛盯著花。此情此景，都只能夢中回憶了！

曇花一現，也常被拿來形容人生短暫。但這首〈曇花〉結束很感傷，因為曇花開了幾小時便謝（花的生命結束了！往生了！）。一切生命的結束，本就叫人傷痛，而「**垂首的臉／半是淚／半是冷冷的血**」，豈不更痛！從某些共相看，人

和花一樣，如寒山大士詩說：（註一）

君看葉裡花，能得幾時好；
今日畏人攀，明朝待誰掃；
可憐嬌妍情，年多轉成老；
將世比於花，紅顏豈長保。

總的來欣賞亞孅的花系列作品，在畫方面比較開朗，在詩方面比較善感。人們常用花開花謝來形容人生來去，是讓我們學習要放下，來去本是自然現象，但臨到自己，「年多轉成老」，能不感傷乎？

註釋

註一　寒山，約唐代周武后天授二年（六九一年）生，德宗貞元七年（七九三年）圓寂。長安人，長期隱居在台州始豐（今浙江天台）西之寒岩（即寒山）。行蹤不詳，號「寒山子」，傳說寒山和國清寺道友拾得，是文殊、普賢菩薩化身，是僧人、也是詩人，後世有《寒山子詩集》傳世。

第十二章 人生感懷

每一個眾生都是一個獨立的個體，換言之，世上沒有兩個各方面都百分百相同的人，雙胞胎也有許多不同。這是現代人都「知道」的基本常識，但知道也只是知道，不會（或不懂）尊重不同的個體。

這就表示，目前地球有七十五億人，就有七十五億個絕然不同的人生路，對同一事物的看法，就有七十五億種不同的態度。很可怕吧！不可怕，其實很正常。有「東方維摩」之稱的唐代龐蘊居士有一詩偈曰：（註一）

一念心清淨，處處蓮花開；
一花一世界，一葉一如來。

當我們心中生起一念清淨心，就等於一朵清淨的蓮花盛開；一朵花裡就是一個美妙的世界，一片葉子裡可以看到如來妙境。但，一花一世界，一個人不是一個宇宙嗎?另一詩偈也流傳很久了：

佛國美景絕塵埃，煙霧重重卻又開；
若見人我關係處，一花一葉一如來。

「若見人我關係處，一花一葉一如來」，另一意涵也表示，人人都是不同的個體，各有看法意見主張，溝通是很不容易的，就是同一圈圈的人也有很大差別。

每個詩人當然更是獨立的個體，個個有著不同的出生背景、成長環境、學習所得、智慧悟力、個性風格……千差萬別的因緣，造就現在「她」或「他」。本章就是從個別人生的觀察進入，觀其詩境中所體現出來人生感懷，或其人生觀、信念、理念等。賞讀〈無常〉：

是誰挑起弦琴五十響
從子夜的藍眼睛
透視心窗
誰又雕刻那截北方的相思
反覆於港邊彈唱

啊！藝術的人生多美
難忘相知的情懷多深
無奈流光推過煙雲兩岸
誰能逃避生離別苦的根蘊

看滾滾的，迢遙的浪濤
它的淚與笑的小花
不也是開開謝謝
正如
你我聚散輪迴

一九九二年十一月 青山居

人生無常是許多人可以脫口而出的話，但並非了解無常直義，無常觀正是因緣法體現的「常」，所以無常便是常。這首詩除了寫到人生在無常中輪迴，按詩意衍伸，似乎也感慨兩岸關係的無常，北方的相思和煙雲兩岸，都意涵了「祖國情懷」。然而，連這份對祖國的愛也是無常的，《佛本行集經》有詩偈曰：

世間無常燒眾生，猶如劫火毀萬物；
無常猶如水泡沫，亦如幻焰無一直。

人活在這世間，帝王將相或貧富走卒，全在無常中流轉，誰也逃脫不了無常之火。宇宙間一切，最終都被劫火燒成灰燼，世間一切亦如泡沫，如幻焰無一真（即不久成空）。但無常觀主要是教導我們珍惜因緣、珍惜時間、珍惜生命，創造有意義有價值的人生，這才是無常觀最核心的本旨。

亞媺在其他詩中也有不少涵富無常觀的作品，也在她的人生路上實踐無常觀。例如，她善於把握因緣，在她的詩畫藝術開展一片天，在《秋水》和聖壽宮結了不少好緣。賞讀〈紅塵那盞燈〉：

你還是趕上那班機
翔於大千世界
穿嶺涉水
往故鄉播種芳泥

不管如何
我了解你心情
山中很靜
星星很遠

畫在眼瞳影印
詩於腦海翻騰
琴韻歌聲如白荷開謝
日子像鏡花水月
小雨無痕

屋前眺望，岸在哪邊
啊！誰是紅塵
那盞長明燈
靜靜照我出神

這首詩前兩段好像送某人遠行（應是去大陸），後兩段藉著送行抒發自己的人生感懷。大千世界、白荷開謝、鏡花水月都是因緣法的關鍵詞和意涵，體現詩人的人生觀，一如花開花謝也是很自然的事。

末段「**屋前眺望，岸在哪裡／啊！誰是紅塵／那盞長明燈／靜靜照我出神**」。這裡的詩意甚深，「岸」在哪裡？兩岸也是岸，人生的此岸到彼岸也是岸，就叫想像力去擴張吧！賞讀〈何處是桃源〉：

讀星空之詩
描青山之畫
藝術的光芒
終生難忘

看淺淺紫色蕊
蓮蓬的綠
碧水連天
日落地平線

你的歌聲低迴
在蓬萊島上
如絲的情愁翻飛
百轉中
含誰清淚

想半生的傻
半世的痴
想詩畫互握的溫柔

兩地牽繫的相思
啊！美麗無奈的人生
何處，夢中桃源

西方的存在主義哲學有個命題，「人出生就開始邁向死亡，為何還活著？」「人遲早必死，幹嘛還活著？」即無解，又有千百種解！

確實是，反正是死，為何不現在就去跳太平洋？白吃白喝「啃老」是死，辛苦奮戰一生也死，死後全空，都是白做工，何苦呢？

也確實是，大家都不跳太平洋，就好好活著吧！活的好便好。於是，我們積極努力創造一片天，大家都設法把「餅」做大，商人追尋首富，藝術家追尋成為大師，詩人畫家創作經典。總之，人人有個桃花源（理想國），筆者有，亞媺當然也有，她追尋詩與畫的境界，創造自己最美麗的人生。

人沒有選擇父母的權力，出生就得向前行，不能後退（無路），不能停止（跳太平洋）。無論多麼困苦，都要向前行，這是無奈！也因傻癡的堅持才有一片美麗天空。佛教認為人生的本質就是苦空，生老病死都無常，才要了解因緣法，把握因緣惜緣。如是一轉念，便日日都是好日子，就如她一首〈隨緣〉說：「**一種傳音／令人充滿法喜……感恩、知足、隨緣、惜福**」。她的人生，有詩、有畫、有信仰、有溫暖的窩（青山居），又刻意遠離社會的黑暗面，當一個低調的現代隱者，追尋自己的桃花源，不亦樂乎！人生的快樂，也在能做自己的夢，亞媺的夢是〈青色夢〉：

許久沒有與詩談話
詩的眼珠，仍閃著光

那光，穿梭曾經
滄海桑田

一個女子
一生青青的夢

二〇一九年四月十二日 台中青山居

詩和畫是她一生的夢，豐富了她的人生，提高了她人生的價值，她的人生變得更有意義。「一個女子／一生青青的夢」，若無這些夢，那麼，只是一個媽媽，做不完的家事；只是一個妻子，生幾個孩子，其他有什麼？賞讀〈微笑如花〉：

詩瓣
微笑如花
含笑花的芬芳掛滿詞句
有淚晶瑩滋潤圓滿

如星辰之光
閃耀天宇

因緣聚合來去如風
被，秋水擁握
一個渺小的我

誰在詩中撫觸
另一個禪夢的世界
啊！永生也是美麗的歸宿

二〇一五年七月　台中青山居

信佛的人都知道一句大師常勉人的話，「微笑也是一種布施」，因為你把自己的快樂分享給別人，讓別人也快樂。詩人這輩子因詩、畫、信仰，結了這麼多好緣，也了悟「**因緣聚合來去和風**」，因而人生可以自在快樂，「微笑如花」，能「如花」就是境界。

星雲大師曾引一首清代澄波的詩，提醒大家做一朵花，給人快樂和信心：「木樨盈樹幻兼真，折贈家家拂俗塵；莫怪靈山留一笑，如來原是賣花人。」

這首詩本意是勉人，做人何妨做一朵花，多給人欣賞，給人芬芳；不要做人像一根刺，逢人傷人，理事害事。如果你願意做一朵花，必微笑如花，結好因緣。

註　釋

註一　龐蘊，字道玄。唐玄宗開元二十八年（七四〇年）生，唐憲宗元和三年（八〇八年）卒。湖南衡陽人，馬祖道一法嗣，有「東方維摩」美稱。

第二篇　懷念丁潁中國心

人生系列（細字筆）

圖片來源：《亞媺詩畫精選集》，頁28。

仲夏夜之夢（粉彩）

圖片來源：《亞嬿詩畫精選集》，頁 29。

第一章 丁潁亞嫩詩欣賞

──「第五季的水仙」和「亞嫩世紀詩選」

在國內外，夫妻同是詩人作家，且在當代文壇都享有一定地位，可謂稀有組合，更是幾世難逢之良緣，丁潁和亞嫩賢伉儷便是這樣一對雙星雙飛的才子佳人。

其實我並不認識這對才子佳人，亞嫩我未曾謀面，丁潁在某次「三月詩會」偶然一瞥，惟在互贈的詩書中，賞讀其詩，解讀其人。這才發現這兩位資深詩人，驚鴻與驚奇的地方，且啟動了我的好奇心系統。

存在主義詩人丁潁現代詩集「第五季的水仙」

丁潁的新詩集「第五季的水仙」（台中：藍燈文化，民六十八年五月再版本），付梓至今（二〇〇九年春），應已三十多年，但這本書仍吸引人，尤其我對作者丁潁有些好奇（指詩文內涵思想）。

丁潁（原名丁載臣）是個怎樣的詩人？前輩作家周伯乃先生為他的詩集寫跋文時，以「憂鬱的詩人——丁潁」為定位標題，該文說丁潁作品的共同特質，是當代存在主義哲學家所設想的那想，人是被突然投擲在時間的湍流中，廣漠無際的空間裡，我們既不知道生命的源頭，也不知道生命的歸宿……就像我們走在霧中，我們觸著霧，我們伸手抓不著它……

若然，人生可以用存在主義者的口頭禪，「荒謬、悲哀、無聊」做總結了。如此，讓人很不情願，也似乎不能詮釋詩人的思想。周先生的跋文也提到，丁潁是始終被愛與情所困、所擾、所醉的詩人。他渴望著愛人，同時也希望被人所愛。他是一個多情而博愛的憂鬱詩人，他追求愛情，像追求自己生命一樣狂熱，甚有過之而無不及。他認為人生除了愛，一切都是虛有的……

讀到這裡，我認為丁潁並不那麼悲觀，也不那麼憂鬱，他除追求愛情，其他方面也還很豐富積極的。我全盤掃讀「第五季的水到」詩集七十八首詩，分四點略錄淺見，尤其兩首給亞孅姊的情詩，真是動了女人真情。

第一，憂鬱之外也憂國憂民。不可否認的，周伯乃先生把丁潁定位成「憂鬱詩人」是有充份理由，讀〈冬夜〉、〈火柴桿的悲哀〉、〈島之秋〉、〈威士忌蘇達〉、〈失落的存在〉等，還有不少，真是一個「愁」字了得。尤以〈威士忌蘇達〉一詩：「……今日的文明／不屬於我們，但是／我們也不屬於她／因而，你我都患有嚴重的憂鬱症／都是歇斯底里的尋夢者」。這下憂鬱成症，但讀〈失題〉一詩：

> 涼亭／酒瓶／構成一個渾然／一個無感不覺的存在／把泥土的三角戀／交給歷史的審判者／星空下，我們可以去海上尋夢／再不，就隨十二月的夜風／一同去流浪吧

〈失題〉雖憂，卻屬蜩螗沸羹。詩後有記，一九六〇年歲尾，一個無月之夜。偕野夫、吳蒙，秉燭於碧峰山之涼亭。僅橘酒一瓶，花生米一包。天外寒星窺人，山中林風蕭蕭，頓感客歲易凋，國事艱危，乃席地成此詩，以抒胞中之塊壘。

如魏晉南北朝那縱情山林詩酒的文人們，他們也憂鬱吧！或不顧蒼生死活去醉倒山林嗎？想必是憂天下不可為，憂黎民苦難何時休！另一首〈五月祭〉的詩中，「島上人，正忙著收割女子的三圍／忙著給纖腰玉腿攝照／沒有誰再記得三閭大夫的哀愁／記起那泣咽的國殤」，都是一樣的心情，丁穎憂鬱也憂蒼生，是一個蒿目時艱者。如吾國傳統知識份子那種風骨情懷，雖不為官，但仍「先天下之憂而憂、後天下之樂而樂」，實在可敬

第二，悲憫、蒼涼與孤寂。詩人這行業已夠寂寞，加上先天幾分憂鬱性格，環境影響也大，丁穎自幼失恃，又碰到抗日戰爭，開始過著浪跡天涯的吉卜賽式

生活（依周伯乃先生述）。接著國軍兵敗轉進台灣，他又在這小島上漂泊半世紀，有故鄉又歸不得，他鄉亦難成故鄉，真是國事與人生皆不可為，他的作品有著濃濃的悲憫、蒼涼與孤寂，也就很自然了。讀〈憂鬱的太陽〉、〈五月之夜〉、〈碧潭〉、〈二十一盞星顆」、〈酩酊的九月」、〈畫像〉、〈落葉〉、〈記夢〉，試讀他悼詩人覃子豪〈落葉〉的一部：

> 沒有風。在十月的淡淡地陽光下／你悄然飄落！靜寂／蒼涼／沒有驚醒沉睡的小蝪蜥／也沒有驚醒人們的歡夢／世界依舊……一切歸於空／歸於些無……飄失於茫茫的蒼冥

他的世界總有淡淡的空寂，濃濃的蒼涼感，對生命亦不存在多少期待，那首〈記夢〉應是詩人自己的告白，「昨夜我夢見了自己／裂口的皮鞋縫補釘的畫衣／蓬亂的頭髮，長長的鬍髭／慘白的臉色籠罩著落拓的憂鬱」。悲啊！人生，慘啊！像十足的流浪漢，人生的一切本是虛無的，只有愛是真的，從丁潁給亞嬿的兩首情詩，我看見詩人的多情熱情，散發出生命的光熱。

第三、讓愛情戰勝了存在主義。按存在主義思想，人生一切都是虛無荒謬，包含愛情也是。但丁潁追求愛情勝過自己生命（可見他仍不是完全的存在主義者），在這本詩集有兩首給亞嬿的情詩很動人，先讀〈名字〉第一段（原詩未分段）：

> 十二月，心湖中／投妳晶瑩而纖柔的影／贈妳一名字，寫於胭脂樹

的私語間／紅日下，刻我的誓／在那枚小小十字架上／疊我的鄉愁，
寄給北風／燃我的戀，以妳最初最初的純真／記取最初，孅孅／記
取聖誕花的叮嚀，以及那沈沈地密約

愛情之所以讓天下有情男女，痴狂醉迷忘我，在於雙方都把對象美化後產生的真善美，再加上一點點神秘感。詩中的「孅孅」，當然就是亞孅姊，也是丁先生的愛妻。她的影子晶瑩而纖柔，多美（本人更難以形容）！在胭脂樹下談情說愛，並贈愛人一個名字。（判斷亞孅這筆名是丁潁取的）紅日下又立了誓約，詩人本來對人生是很悲觀的，誰燃起了他的戀情，是心愛女人最初的純真，詩人提醒要永遠記著他們定情的十二月。再讀第二段：

當燕子再來時，我總會想起／第二度展示生命的白百合／乃於妳回
眸的嫣然／冰凍之日，我曾有所觸及／跋涉中，妳是春，是美／是
一莖青青的麥冬草／—一葉成長的相思／兩季過後，掬飲妳一勺微
笑／在迢迢地路上……

詩人又用兩種植物象徵情人，一種「白百合」，百合本是白色（有紅黃），象徵純潔，加上白色形容更純潔，第二度展示生命更純潔，是因對生命有更深刻的體驗，另一種麥冬草（即麥門冬），常綠草本植物，常綠喻情夾青春永在，又麥冬草是中藥材，可治病（相思病吧），丁潁一生浪跡天涯，對人生已無太多期

待，現在碰到這樣的好女人，只要「掬飲妳一勺微笑」，就一切都滿足了，人生必滿意了，愛情啊！真有魔力！他的另一首給亞孅姊的情詩〈初晤〉也是意義深刻，讀其後半段：

唉！妳知道嗎！孅／雖然，明日花徑依然飄香／夜色依舊如水／但，明日也許我們已不在此／當歲華隨風影而逝／此去三千年，孅哪／有誰會記取我們的初晤／記取這四月的玫瑰徑上／有妳羞澀的淺笑／有我半醉半痴的驚喜

這是丁潁初晤亞孅姊，通常男女初晤，尚未定情，男方必展開追求策略，所以這首詩除了男方愛的表示，也有很高的「策略性」。提醒女孩人生如白駒過隙，如白衣蒼狗，把握兩人的當下，別再猶豫了，戀愛過程中，男人總是心急，女人總是遲疑不決。

回到源頭，丁潁是怎樣的詩人？周伯乃先生在鈫文中說「他是一個多情而博愛的憂鬱詩人」。但是，有了愛情，他便不憂鬱了，只是愛情在整個人生中如火花一閃，很快又不見了，困擾無聊又來了。存在主義的人生，存在主義的丁潁，人生存在意義何在？

「亞媺世紀詩選」有濃濃的中華大地與文化之愛

我除了知道亞媺和我同是秋水同仁，她也是詩畫雙絕的才女外，對她真是一無所知，從未謀面。所幸，「秋水」詩刊一百四十期（二〇〇九年元月），由秋水掌門人涂大姊做了亞媺專集介紹。原來亞媺（本名郭金鳳）一生鍾情詩畫，本著佛家「因緣聚合」寫詩、寫散文、寫生命的樂章，以「人生如畫」的理性追求至美的人生，這就是亞媺，她所獲得的獎章、榮譽等，有一脫拉庫（從略）。

本文所要品賞的是這位女詩人的現代詩集，「亞媺世紀詩選」（香港：銀河出版社，二〇〇七年七月）。賞讀全本詩集五十七首詩，不得不讚嘆這位出生在台灣宜蘭的詩畫家，對中華大地與文化有著濃濃的戀情。因為五十七首詩中，有二十首屬「中華情詩」，讓我們逐一解讀其中部份，品賞亞媺姊這種高貴的情操。

> 桂冠詩人、朗誦／彈琴表演的神采／台北天空下／詩的琉璃花盛開．．．詩的豪情，結在／中國之夜的秋天　—詩的琉璃花—
>
> 一種思念好深／在天山，在絕世的／雪蓮身上閃爍．．．．　—獨語—
>
> 誰站在伊犁河岸／等候因緣聚會之光．．．．生命之水／悠悠唱醒　—伊犁河：新疆之旅—

紅柳，紅柳／妳卻是我朝夕思念……戈壁荒漠中的紅柳花……哪年再相見　—紅柳：新疆之旅

人間有了雪蓮／我仰望／詩畫的天山在新疆／我相思／神秘的玻璃湖喀那斯……　—天長地久—

〈詩的琉璃花〉必是詩人亞孅參加某次世界詩人大會的感想，而此次大會是在台北舉行，因而台北的天空「詩的琉璃花盛開」。好美，好壯觀，詩人也可能在現場朗讀詩篇，內心悸動喚醒靈魂深處去溯源，要把這榮耀歸向那裡，「詩的豪情，結在中國之夜的秋天」。原來，中國文化的活水是我們的「大母親」。接下四首是詩人對新疆大地的愛戀。對天山雪蓮是一種很深的思念，與伊犁河有緣，朝夕思念的是戈壁紅柳，依依不捨，不知何年再相見。詩畫的天山和喀那斯湖，更是天長地久的相思，只想要緊緊擁抱。這幾首寫新疆的詩，詩人把這塊我國最大的神秘荒漠大地，當成一個母親，甚至當成一位情人，續讀亞孅的〈情人〉。

它默默注視遠方／我悄悄望著／啊！絲路之旅／讓我無限驚喜　—沙漠小花—

帶著熱情的心來探訪／水歌如香雪綿綿……妳是地下萬里長城……多像冷水花結詩不斷／融化的愛使記憶飛揚　—坎兒井：新疆之旅—

一庭煙雨／翻覽銀色時光／筆記中天山在移／啊！移動我的心　—夢：天山—

風這麼柔　天山來的嗎？／水如此美　天池之水吧？……回憶的搖籃裡　我與你／卻是永遠　永遠的一段距離　—定海神針：新疆之旅—

想起熱情的吐魯番晚宴／瀟灑的夜色舞醉八月／我們擁抱詩的靈魂／共看兩岸燈火閃爍／傾聽生救之歌……　—美麗的新疆—

果然「情人眼裡出西施」，並非大山河千年古蹟才能讓詩人感動，只是絲路上沙漠一株小花，足以叫詩人「我悄悄望著，讓我無限驚喜」。因為這朵小花已是祖國大地歷史文化的縮影，只要詩人胸懷中華，便能從一朵花看到五千年的炎黃璀璨文明。接著四首是詩人的新疆之旅，寫實亦兼寫意，坎兒井「冰清玉潔水脈／孕育四季不凋的故事」，夢天山「我魂夢中的天堂／何日能再回歸」，定海神針「莊嚴的笑容枝葉燦爛／多像千手千眼觀音普渡眾生」，美麗的新疆「你的回音撒落紅豆／粒粒充滿相思」。啊！新疆，你是我今生的情人，生生世世眷戀的，仍是你「溫柔的青春／純潔的水夢」相思。亞孅姊可能走遍了神州山河大地，繼續請她為我們導覽。

繁花遍開四季窗前／留誰在鄉愁邊緣／看水燈盞盞流逝，擁抱／江

南美麗的傳說　—生命之舟—

在兩岸之前／／當我有了醉意／宋詞裡想起，曾／遞給你美麗的距
離　—柔雲一片—

山的靈氣／水的精華／山水間如何錦織／對中國鄉土的愛戀／／祇
有讀梅賞梅畫梅　—梅的誓約—

你來自古老的中國，蓮花之湖／在乾涸的湖床……深深感動，淚滿
臉……　—永生的蓮花—

你金黃色的笑聲／奉獻在祖國／那個驛站　—向日葵—

女詩人血中流著炎黃血脈，心田中種植梅蓮國花，那半個世紀的兩岸阻隔，只能讓祖國的鄉愁在胸中澎湃，到後來兩岸一開放，女詩人當然情不自禁就「奔向情人的懷抱」。詩人終於吐露心中的話（不吐不快啊！），是「對中國鄉土的愛戀」，且愛戀是一生的，如何「解」鄉愁？詩人用兩種花為「解藥」，一是國花（也象徵歷史文化的中國）。另一是蓮花（佛教的象徵花，佛教也是中國國教。），有中國佛教（或佛教中國）的意涵。

常言道「情人眼裡出西施」，愛上了左看右看都是美。女詩人眷戀中的「赤縣情人」亦是，神州大地的一草一木，樣樣都是可愛的。

你是侯鳥常臨北西湖畔／中國的雪花，你最／熟悉懷念……半圓而

流浪的一簾夢　—春秋夢—

淡湮裡飄揚你的絕句／窗的風景曾化作潮音／江南岸上你揮手／竟是唯一，閃動的月落　—回眸—

消瘦的古道上……故鄉！故鄉／想你飄雪的容顏／萬水千山的畫面／整個波動著　—故鄉的歌—

我寂寂的是心／你靜靜的是靈／噢故鄉蘭陽平原／你我正是被山水／阻隔的一段距　—思鄉—

我解下藍絲巾，迎接／關外入山的夜／昇華的煙，並在／難逢的甲子年／燃亮失紅的燭蕊　—初春—

賞讀到了尾聲，讀者們慢慢理解這位宜蘭女詩畫家，是「正港也台灣人」，但她的故鄉不是一個小小的宜蘭，還有更廣闊的心靈故鄉，便是整個祖國大地神州山河，以及五千年炎黃子民所創造的歷史文化，還有今古邊城「消瘦的古道上」牛隻羊群，都是她的眷戀，她的相思。

於是我要說，女詩人這種高貴的情操，相較一九四九年後來台的人眷戀他們的故鄉，是不能相提並論的。兩者固然都是一種高貴的情操，亞媺則更是「稀有而經典」，故更能感動人。

小結：悠遊於穹冥文壇的神鵰詩侶

總的賞讀丁穎「第五季的水仙」和亞媺「亞媺世紀詩選」，真是讓人感動叫人愛。周伯乃先生為丁穎寫的跋文說，「丁穎是個詩人氣質非常濃厚的詩人」；方艮先生寫的扉語說，「他卻是一個極為抒情的現代詩人」。

再者，周伯乃先生評亞媺的詩，總結是「像幽谷清風，沒有半縷塵世的溷濁，是個唯美的理想主義者。」而我讀其二人，丁穎「類存在主義詩人」，藏鋒於愛於詩文；亞媺斂迹於廟於詩畫，內涵熱愛中華的高貴情操。

相較當代文壇各家各派雖各領風騷，千姿百媚，各展風華。丁穎與亞媺賢伉儷則似悠游穹冥之神鵰詩侶，也當褎然舉首了，有誰能出其右者？

第二章　丁穎春秋夢(一)

二〇一一年四月三十日，三月詩會例行在真北平餐廳聚會，這是五月份的提前雅聚。此次詩會我向與會諸君報告（書面），二十年時將再出版一本《三月詩會二十年紀念集》（書名暫訂），該集以書寫大家的「春秋大業」為主述，需要大家提供資料。自己的春秋大業總不好自己說，我來幫大家說，事後我收到最多資料的是丁穎、謝輝煌二位先生，及關雲姊，他們的各類資料均經整理，寫成本書各篇。

本文以回答丁穎先生的一封長信為論述內容，該信第一頁丁穎先生（以下稱謂略）問說，「你我都為國家統一所做的努力貢獻心血金錢算不算是春秋大業之事」等。這個問題

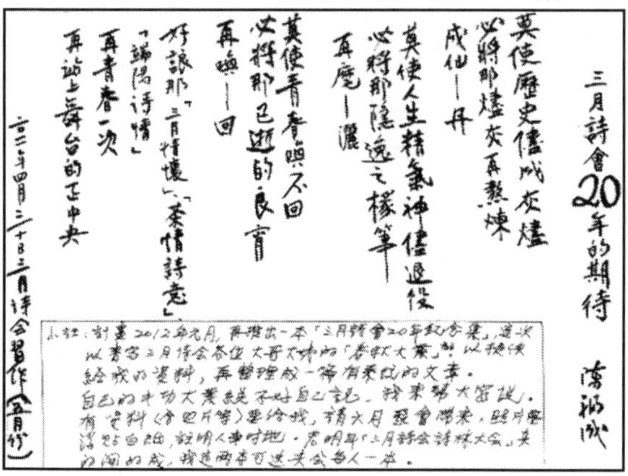
三月詩會20年的期待　陳福成

莫使歷史儘成灰燼
必將那燼灰再熬煉
成仙——丹
莫使人生精氣神儘退役
必將那隱逸之椽筆
再磨——灑
莫使青春與不回
必將那已逝的良宵
再喚——回
好談那「三月情懷」、「柔情詩意」
「歸隱詩情」
再青春一次
再站上舞台的正中央

二〇一一年四月三十日三月詩會習作（五月份）

小註：計畫2012年元月，再推出一本「三月詩會20年紀念集」，這次以書寫三月詩會各位大哥大姊的「春秋大業」，以提供給我的資料，再整理成一篇有系統的文章。自己的春秋大業總是不好自己說，我來幫大家說，有資料（含照片等）要給我，請六月聚會帶來，照片要寫姓名，說明人事時地。另明年「三月詩會詩林大會」，英的開始的成，我想兩本可送與會每人一本。

我略為陳述，「春秋大業」分廣狹二義，狹義指這世上的各個人種，如回教徒、佛教徒……中國人、美國人、阿拉伯人……每個人，他有思想、有願力、有實踐力去完成自己想做的事，便是他個人的春秋大業。舉例，賓拉登以領導蓋達組織摧毀美國，他便完成其春秋大業；賣菜的陳樹菊把賺來的錢接濟貧童，她也完成了個人的春秋大業，是他們最想做的事。

廣義的（或特別指涉）春秋大業，指中國幾千來，歷代對中華民族的振興與整合統一的大事業，而此種思想來自「春秋大義」（春秋三傳的核心思想）；歷史上所有對春秋大業做出貢獻的人，後世都會對貢獻者做出「春秋定位」的評價。我們常聽政治人物言「有歷史壓力」，或謂有「春秋定位」的壓力，都指此事而言，馬英九在第二次大選取勝便說過這樣的話。關於「春秋大義」思想內涵，可參閱《三月詩會研究》相關的三篇文章，本文不再詳論。

本文要闡揚的是丁潁所問前面那個「算不算是春秋大業的事」，當然是算的，而且歷史評定「春秋定位」通常和世俗所謂成功或失敗無關，成敗指的是當事者有生之年所進行的春秋大事（歷史任務），未能完成（未執行或執行失敗、空夢一場）。我舉孔明五次北伐、鄭成功反清復明的北伐大業、蔣中正的反攻大陸大業三者為例，三者歷史年代、背景不同，但本質上相同，都為「北伐、統一、恢復中國的正統、道統」，這種「春秋大義」思想之本質，孔、鄭、蔣三人相同，而三人的結果也相同（失敗或止於政治活動）。另一個相同的是，這三位「失敗者」都成了民族英雄（孔、鄭已是，蔣未來也必然是）。

有人或問，那是聖賢豪傑的事業，我們這些小老百姓那有什麼春秋大業？非也！春秋大業或春秋大義產生的影響，和大小人物、貧富等均無關。我在《三月詩會研究》一書中講過一個佛經上的故事「貧女施燈」，那位貧窮的女孩所做的正是她的春秋大業。

丁穎的信接著提到，他以統盟監委個人身份，於一九八八年五月訪問北京，去拜訪了陳鼓應教授和黃順興二人，都是從台灣去的，這二人大大有名，不需多介紹。我要表揚的是陳鼓應應有機會當美國人而不當，這是一種春秋大義的氣節，深值肯定，光是這點陳的春秋定位必有很正面的評價。

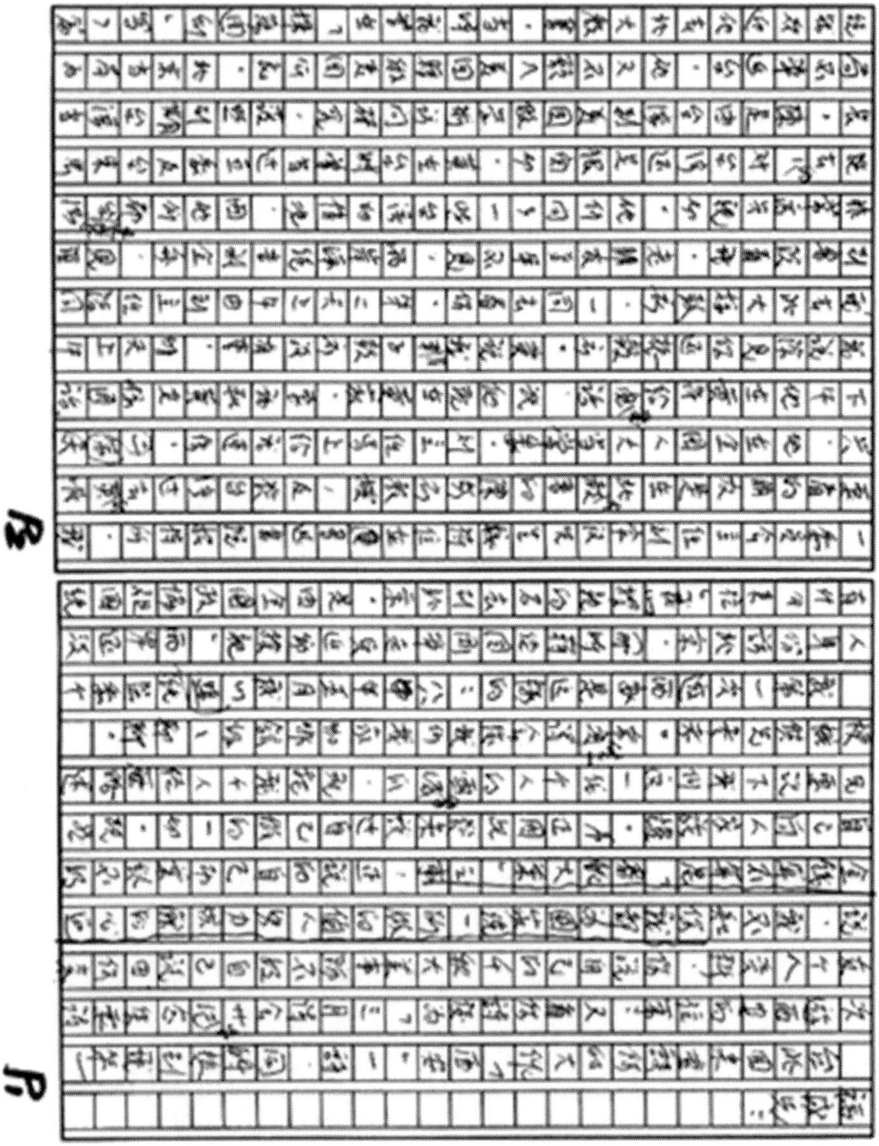

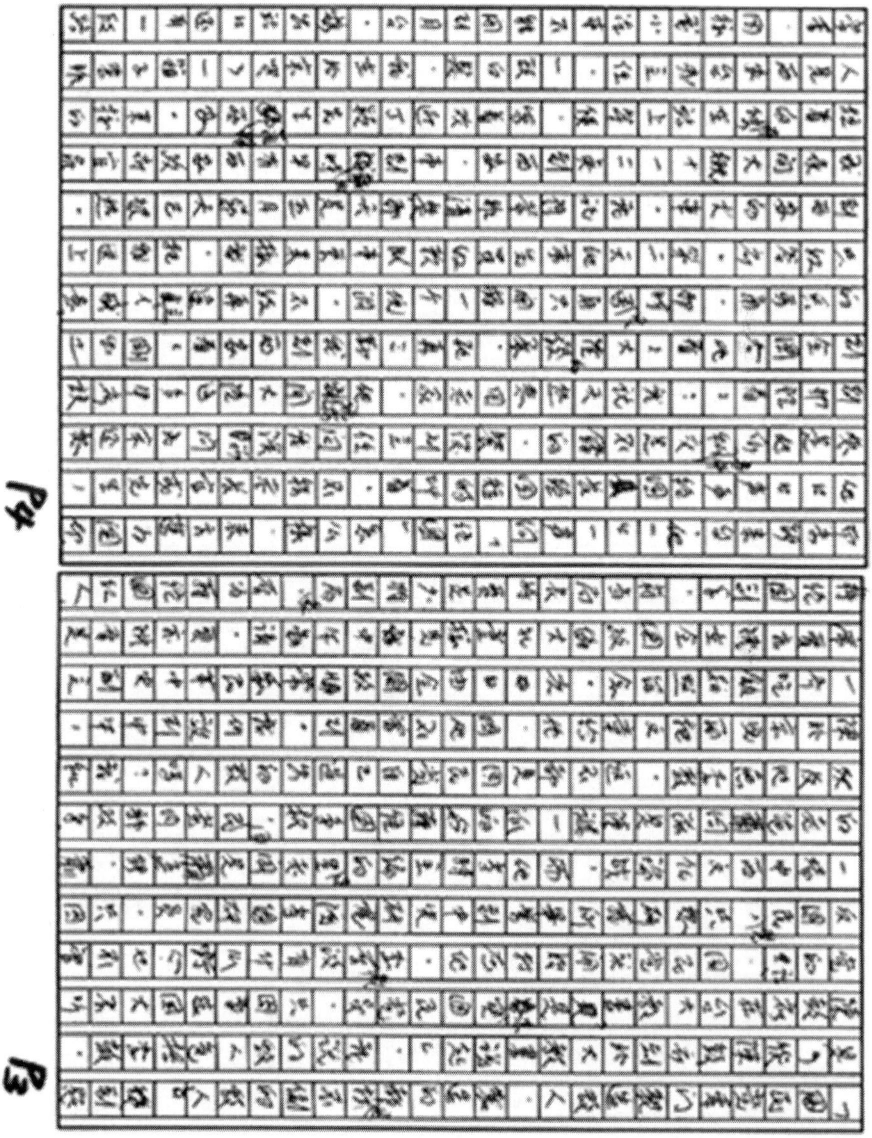

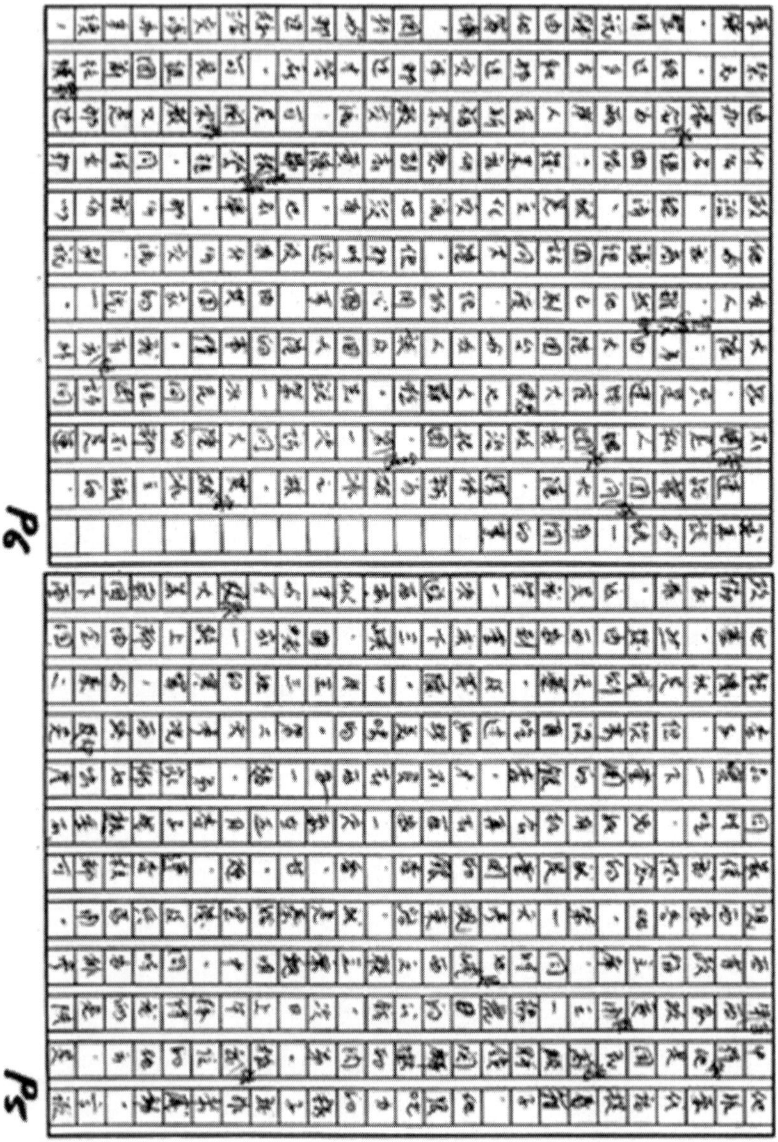

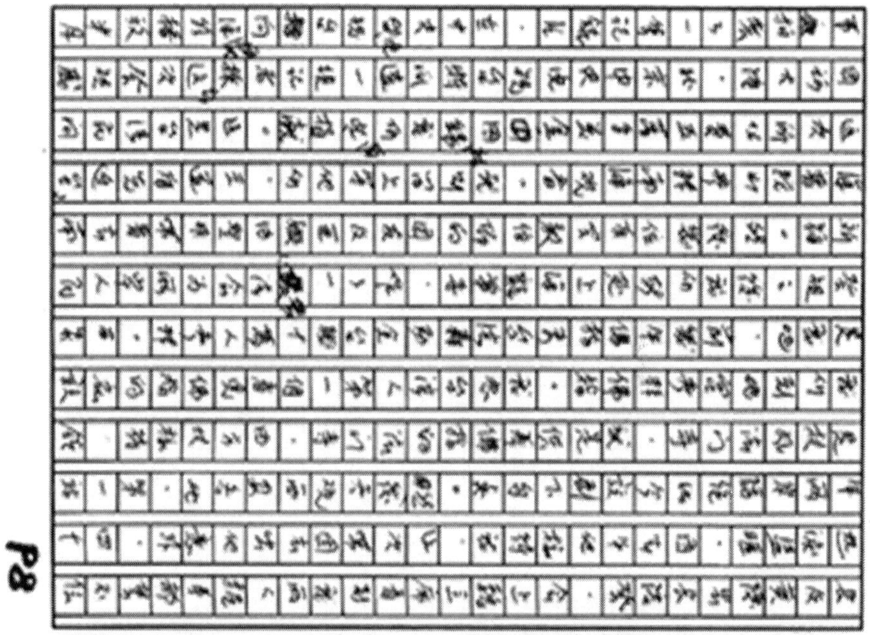
P8

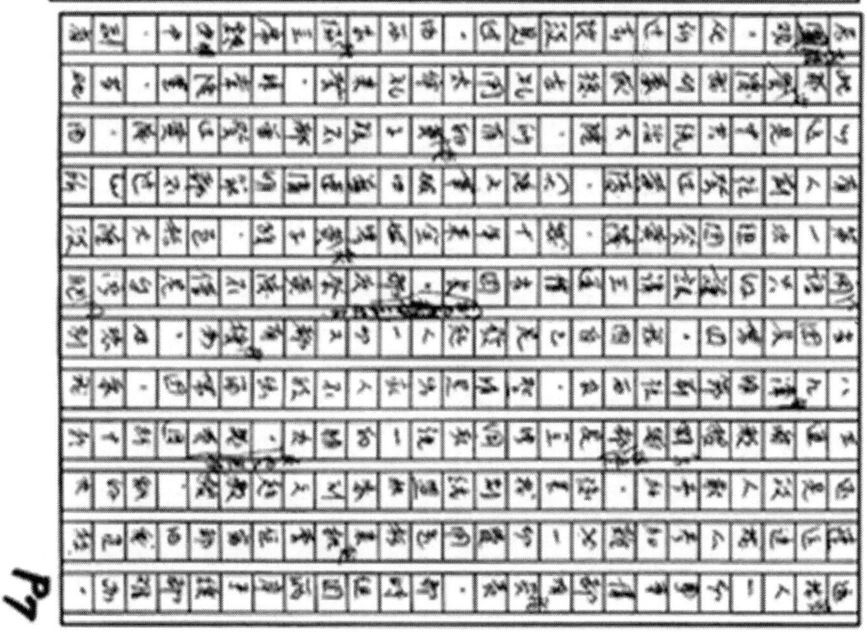
P7

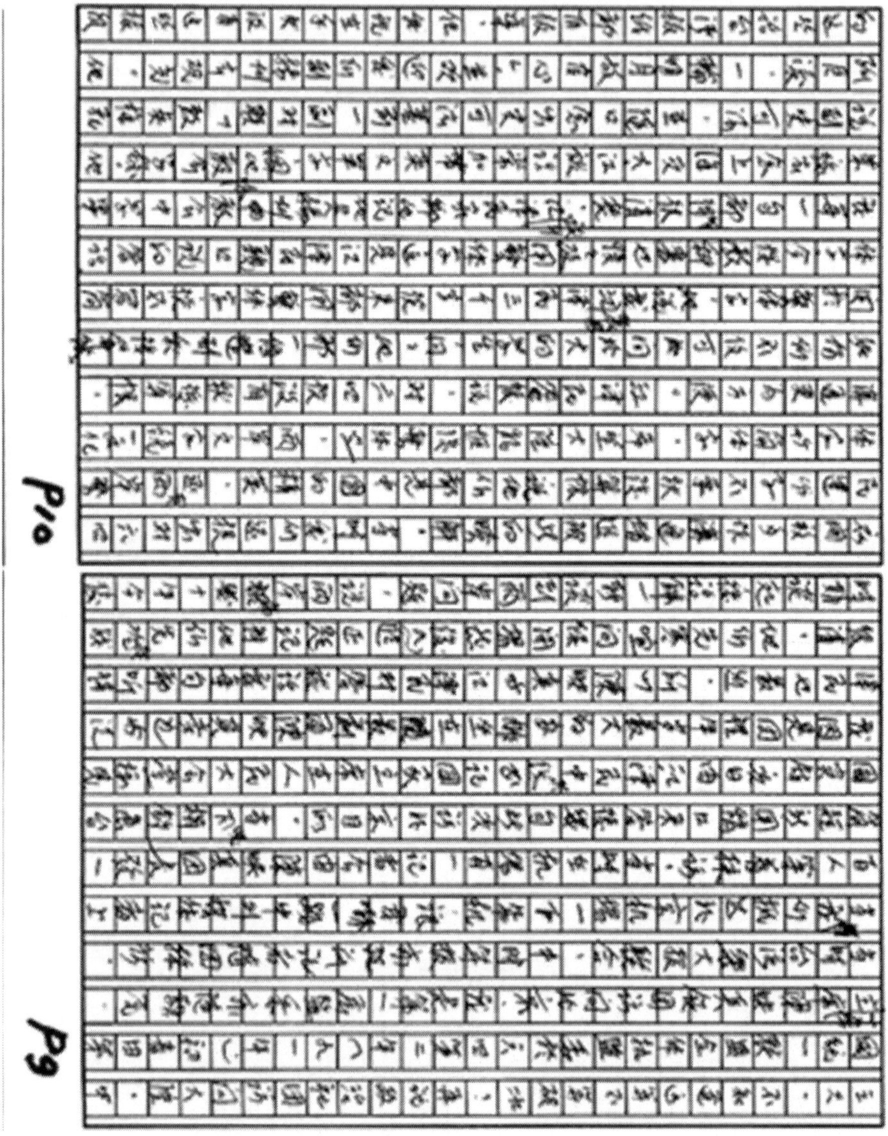

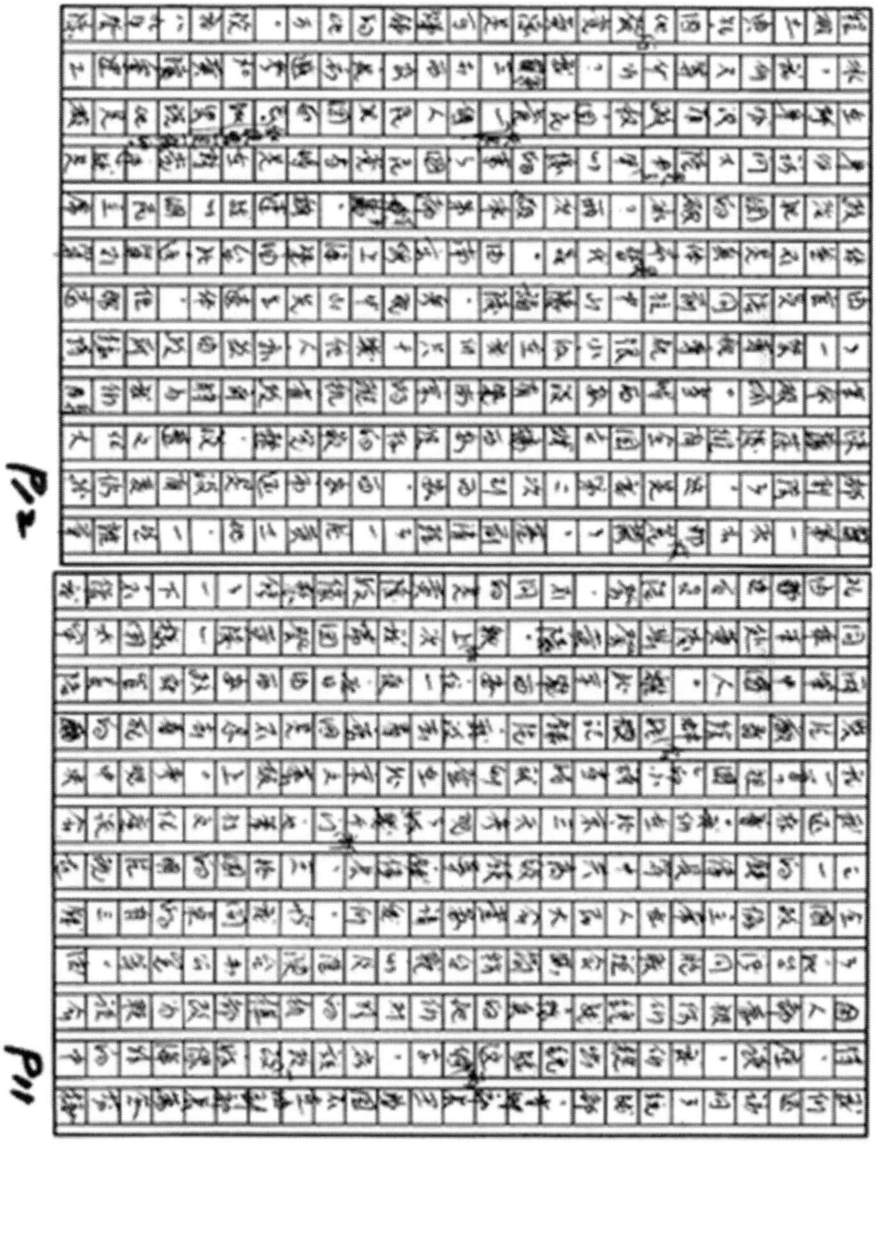

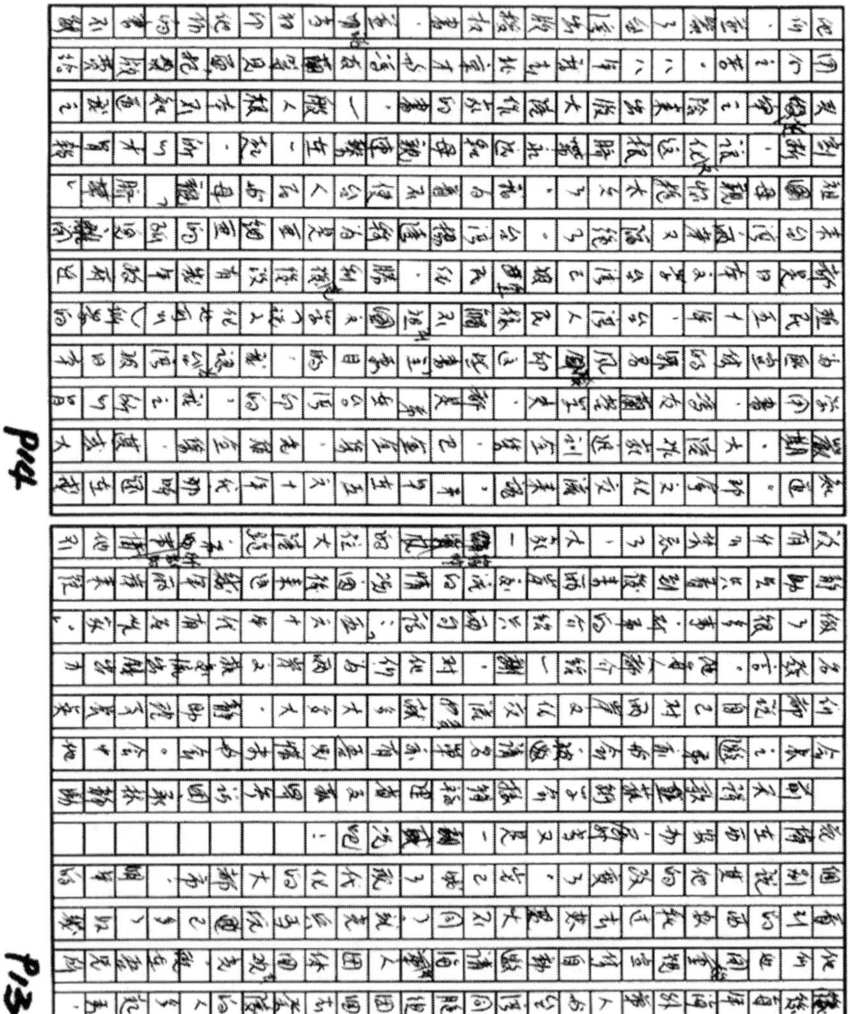
P14
P13

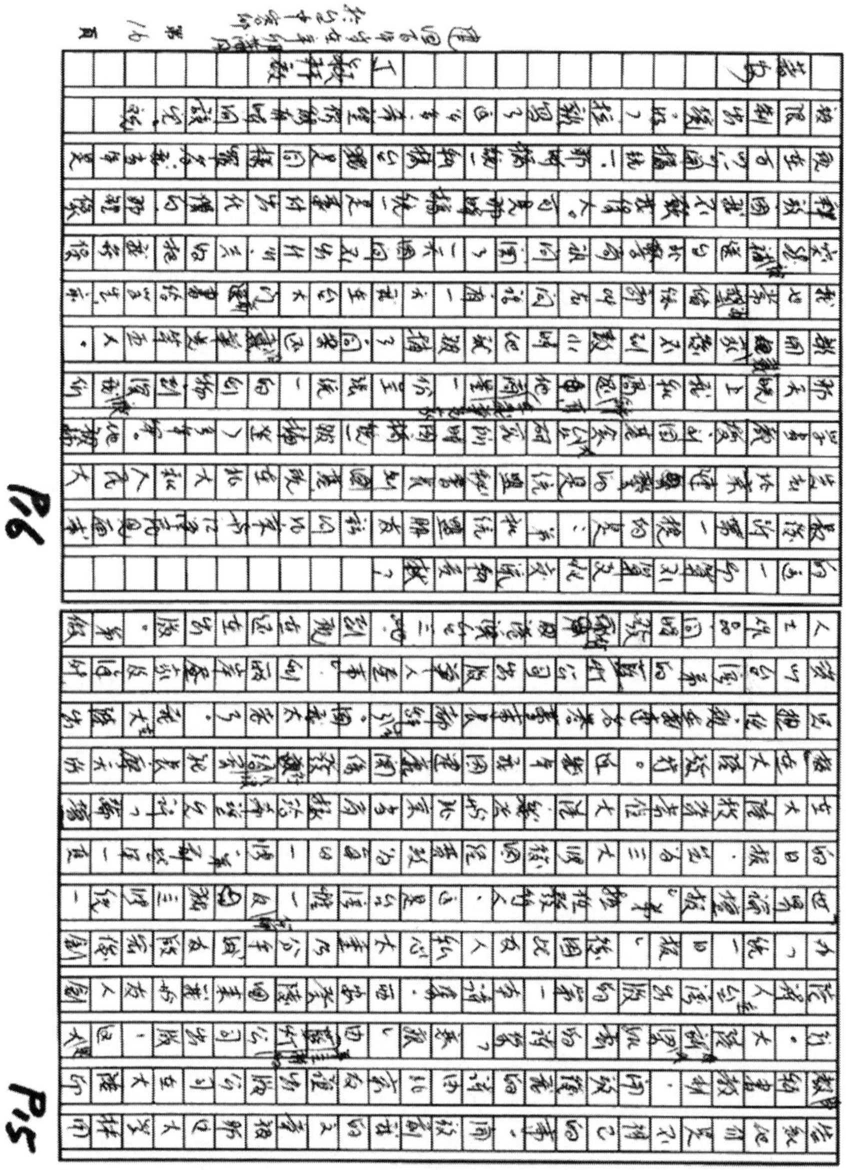
P16
P15

丁潁的第三頁提到「國民黨專製造敵人、製造的都是打不倒的敵人」，如陳鼓應、李敖都是，這確是；且國民黨（兩蔣時代）的敵人不止這二人，可多呢！我再寫幾大本也寫不完。但我對「敵人」這玩意兒，有不同的看法，其一敵人的存在提高自己的警覺性，增強奮鬥的動力；其二事業越大、地位越高，敵人必越多，此乃必然，古今中外皆然；其三放眼看看世間一些偉人，孔子、耶穌、阿拉、孫中山……都有敵人；其四盡可能不要樹敵，但沒有敵人是有樹立「一個敵人」的「需要」。或許只有與世不爭（如老莊）沒有敵人，要爭天下怎可能沒有敵人，陳鼓應和李敖還只是小小小的敵人，假如蔣中正和毛澤東都把我陳福成視為敵人，非鬥垮不可，那本人是怎樣的一塊「料子」？

丁潁的第四、五頁，提到他第一次遊西安，從頭到尾由政協和各省文聯主席陪同等，似乎與春秋大業無關，我要慎重說「正是春秋大業的過程」，為什麼不談去東京、紐約……？東京的美食、紐約的高樓如何等等，那些才與春秋大業無關。丁到西安，和我這些年跑北京、山西等是一樣的心態，為多了解祖國現況、促進交流，以利未來的統一，除此別無大事。

信的第六、七、八、九頁，講到連戰的「破冰之旅」，丁更早「破冰」，「算不算破冰？」我認為都算是。因為大陸要破的「冰」太多了，現在也還有很多尚待有心人去「破」，連戰代表國民黨，丁代表民間一部份人（如中國統一聯盟）

的聲音。假如三月詩會組團訪問大陸，也可能有機會「破冰」！諸公以為呢？

第九—十二頁，提到中國統一聯盟全體執監委於六四第二年（一九九一年），由第一屆主席陳映真率團訪北京，丁穎是監委也同行，與江澤民、王兆國、錢偉長等人的談話，建議恢復繁體字、祭黃陵等事，這是春秋大業的核心問題。這些是真正的春秋大業，但不說出來大家不知道丁穎為我們國家民族做過這麼多促進交流的事，只以為丁穎是「五六十年代有名作家」。我一直以來，認為我們這些小人物春秋大業必須「清算」出來，正是此理，別人不幫你清算出來，也要自我清算，否則兩腿一蹬，你的一生功業盡成灰燼，你的一大堆自己以「寶物」的，兒女全都叫垃圾車來「清運」！

丁信的第十四、十五頁提到很重要的文化大業，丁穎早在戒嚴時期，在台灣出版了《魯迅全集》、《巴金全集》、《矛盾全集》、《馮友蘭哲學史》及一些大學用書，這在當時是有風險的。但丁穎認為台灣脫離祖國太久，又成了亞細亞的孤兒，很需要「母親」的養份，這在當時可能是殺頭的，殊不知這不僅是春秋大業，更是千秋事業。假如台灣和大陸沒有這一點「文化的根苗」連在一起，早已脫離中國而獨立了！很難能可貴的，丁穎在一九八八年到北京見到馮友蘭，還把版費給了人家，並簽了出版授權書，我不禁要讚美一聲，「可愛啊！丁先生！」

信的第十五頁，丁先生也提到開放前他的文章被大陸大學採用當教科書教材，這在後面幾篇論述，開放後，丁穎的詩集也在大陸出版，大陸詩人梁如雲的詩集《戀痕》則由丁所主持的藍燈出版公司出版。另他和朋友合辦「統一日報」，任「世界論壇報」發行人等，都是對國家民族社會有重大意義的文化大業，至於成敗，並不須太在意，大家常說的一句英文口語：「Just do it！」幹了就對了！

信的最後，丁先生提到他在大陸出資，以他的藍燈公司出版《華人畫事》，刊兩岸畫家及海外華人作品，發行港澳台三地，至今仍在出版，這是了不起的文化事業。丁先生也提到他在戒嚴時期，以文化事業搞統一，在當時和搞台獨同樣有罪，但他做了對的事，合乎春秋大義的事，歷史會給他公道。

在丁信的第八頁，提到他和聖明法師在上海龍華寺辦法會，為兩岸人民祈福，之後他的夫人亞孅和另一行人由聖明帶著去參拜普陀山南海觀音。這位亞孅女士也是我很欣賞的藝術家，很有民族氣節又詩畫雙全的現代女性。

筆者不才，半生在野戰部隊鬼混，美其名曰為反攻大陸中國統一而努力，對文壇盛事、詩界風華所知不多，只有在幾十年前讀過他在黎明出版的書，及後來看過高準的一些文章中提到丁穎。近一兩年同是三月詩會的因緣，讓我較有機會理解他，在他給我的長信第十五頁說，「近幾年我因健康關係發行人讓給原社長廖天欣兄擔任，現在我連名譽董事都辭去了。因我太老了。」

人生便是如此，如花開花謝，重要的是想做該做的事都做了，也就心安理得。

丁潁完成了他的春秋大業，祝福他和夫人亞嫩女士在文化、藝術上再創新境界。

上圖：丁潁應邀參加黃帝陵重建工程典禮留影
左圖：一九八九年南京謁中山陵留影

丁潁參加第十五屆世界詩人大會

1990 年丁潁訪問北京，與國務院副總理吳學謙合影於釣魚台貴賓館。
（照片不很清楚，仍為一種留念。）

「台聲」雜誌第九期，以丁穎為封面人物，總第 203 期(2001 年 9 月)，主辦單位：中華全國台灣同胞聯誼會。本會及台聲雜誌，以推展兩岸交流為宗旨，散播和平統一的種子，是兩岸重要的文化事業。

由丁穎任發行人，中國台灣藍燈文化事業股份有限公司出品的《華人畫事》一書，2010 年 12 月。介紹當代華人畫家，有李群、趙貴德、刑振齡、宗鄂、王承典、張友憲、宋維成、史惠芳、張洪、王奇寅、王界山，共 11 家。本書發行範圍遍及大陸和港澳台，由華人畫事出版社出版，在台中、北京、江蘇、安徽有聯絡處。

第三章　丁潁春秋夢(二)

我們三月詩會詩人丁潁先生，一生有不少轟轟烈烈的故事，值得春秋筆為他大書特書。在《功在千秋·構建和諧社會新聞人物采風錄》如下介紹，可視為丁潁一生的簡歷。

丁潁，一九二八年出生於潁水之濱，祖籍安徽阜陽。原名丁載臣。當代台灣著名詩人、散文家。以耕讀傳家，髫齡失恃，養於舅氏，七歲執禮謁聖，旋入鄉黨小學。中日戰起，負笈他鄉，後卒業安徽大學。旋赴台灣從事文化工作，曾任記者、編輯、教師、報社發行人、社長等職。

先後創辦有中國郵報，亞太時報。全民生活雜誌，中國醫藥報等任法人代表。世界論壇報發行人，籃燈文化事業股份有限公司董事長。河南開封大學名譽校長，安徽元通房地產開發公司董事長。其著作有散文集《南窗小札》、《西窗獨白》、詩集《第五季的水仙》、《濁流溪畔》、《不滅的隕星》、小說集《白色的日記》、《丁潁自選集》。

編著有《傳鐘下的投影》、《兩性關係社會觀》、雜文集有《一個小市民的心聲》、《一無是處集》等數十部。其作品「三分春色一分愁」散文，曾與魯迅、冰心、朱自清、周作人等名家作品同被北京電視大學收入「文鑒」一書作為學生的國文教材。丁穎長期從事文化工作，早期曾與友人創辦《明天詩訊》詩刊。一九六七年又與詩友高準、郭楓、吳宏一、高上奏、王津平、李利國、亞媺等人創辦「詩潮」詩刊任發行人。但此詩刊一出刊，即引起一場鄉土文化論戰大風波，他在創刊號上發表的兩首詩，「春醒」、「春的感知」遭到誣陷性的指控，某御用詩人以「狼來了」一文攻擊詩潮，因此詩潮遂被查禁。丁穎曾加入紀玄領銜的現代派，詩集《第五季的水仙》曾由北京友誼出版公司出版。曾出席世界第十五屆詩人大會。並榮獲中國大采風世紀英才人物獎。生平事誼選入「世界名人錄」、「國際名人大辭典」、「國際詩人檔案」、「港澳台散文賞析辭典」、「世紀英才」等十餘種辭書。

采風錄對丁穎的介紹算是很簡略，提到他在「一九六七年又與詩友高準……」，這個時間應是筆誤。按高準《詩潮》的歷史回顧：從古遠清（余光中的「歷史問題」）中幾點誤述說起，這篇文章中他們辦《詩潮》，在一九七六年十二月十六日刊出「詩潮創刊徵稿啟事」，第一集出版的時間是一九七七年五月。（註一），「一九六七」和

「一九七六」容易有誤，但差別可大了。

前面的簡介又提到「某御用詩人以『狼來了』一文攻擊詩潮，因此詩潮遂被查禁……」，丁穎是社員之一，在詩潮創刊號發表「春醒」、「春的感知」兩首詩，遭到誣陷性的指控。

「狼來了」造成的災難效應表

災情	受害人	備註
查禁	高準、丁穎等	《詩潮》及隨後其他大量書刊
離婚	高準	因女方恐懼牽連
解職	高準	因拒絕與批「鄉土文學」及「工農兵文學」者同調
開除黨籍	陳鼓應	因批余進而參加競選
不准出境	王拓	因特務視對方為狼嫌
拘捕並驅逐出境	溫瑞安、方娥真	神州詩社案，特務人員一定要抓隻狼出來
入獄	李慶榮	特務設計引誘

到底這位發表「狼來了」的詩人是誰？為何要對高準、丁穎等人及《詩潮》痛下殺機？他就是當今大詩人余光中。（註二）余光中的殺傷力頗為嚴重，高準在那篇文章列出一個災難表如下：

前面的簡介也提到丁穎的「三分春色一分愁」散文，曾與魯迅、冰心、朱自清、周作人等名家作品，同被北京電視大學收入「文鑒」一書，作為學生的國文教材。

本書的寫作方法，我多少帶有「考證」的心情，就像考古或刑案，我總希望有「證據」，可使「證據自己說話」，這樣的文章至少比較「真」，至於「美、善」如何！先天不足的我只能盡力了。

目　录

北京電視大学教材

有人問我，一個作家活在甚麼时代？和那些人齊名？與誰同一舞台？有証据否？如何留下証据？這是方法之一。作者註。

写　作　文　鉴
（上）
刘锡庆　张继缅　吴炫　编
中央广播电视大学出版社出版
新华书店北京发行所发行
山东新华印刷厂印装
开本787×1092　1/32　印张9.625　千字216
1984年12月第1版　1985年2月第1次印刷
印数：300,001—585,000
书号：10300·10　定价：1.30元

在各種資料中，我還是找到證據，《寫作文鑒》（如附印目錄和版權頁），丁潁是那時（一九八四年）在台灣的作家，其他名家還有郁達夫、茅盾、俞平伯、老舍、巴金等人，都是我國當代重量級名家。

解讀一個人，找到他的一些歷史足跡是重要的，但了解他的核心思想等於讀他的「心」。高準在文章中講到，《詩潮》發行人詩人丁潁是信奉國家主義的青年黨主要黨員，一向強烈主張愛國主義，《詩潮》第一集列入聞一多的詩與傳略尤其欣賞，因為聞一多早年參加過青年黨的前身之一「大江會」，丁潁一向以聞一多為榮，是聞一多的「粉絲」。因此，我認為丁潁是以「國家主義」做為他的人生大綱。講到「國家」，當然就是「中華民國」，但為何丁潁在「中華人民共和國」這個大舞台上，也受到很高的評價？更根本的原因是「中國」，「中華民國」和「中華人民共和國」不會是永恆的，都是一個「朝代」，一個「階段性」的存在，我們心中最重要的，位階最高的，真相是「中國」。

另一個是現實的原因，中華民國自李登輝和陳水扁這兩位大漢奸後，已被搞成像「南明」，像一個「地方割劇政權」，太叫我們忠貞之士傷心了，這裡無可愛之處，只好愛對岸。但實際上，我們愛的是「中國之統一」，而不是「中華人民共和國之統一」，因為愛中國之統一才合乎青年黨愛國主義的宗旨。（註三）

丁穎的一生，應是在青年黨所主張的國家主義宗旨內，開展他的人生事業，不論從事那一方面的工作，或他的文學生涯，必在這種宗旨下開展他的舞台，放光、放熱、在台灣、大陸和世界。

後面再用兩篇文章闡揚本文所論述的「足跡」，讓我們對丁穎在台灣、大陸及世界文壇上的那些春秋大業，有更多理解。

入選證書

丁　穎 先生/女士：

由於您對社會貢獻突出，影響較大，傳記被入編大型國際交流系列書刊《世界人物辭海》。

特頒此證

世界華人交流協會
世界人物出版社
二00四年 香港

Certificate

Mr./Ms. Ding Ying :

Due to your great achievement to society, and your biography brief has been edited into // the Dictionary of World Person //, which is one of large international interchange series.

We hereby award you this certificate

World Chinese Interchange Association
World Person Press

Hong Kong 2004

註　釋

註一　高準，《詩潮》的歷史回顧：從古遠清（余光中的「歷史問題」中幾點誤述說起。傳記文學，第九十五卷，第二期（二〇〇九年八月號，總第五六七期），第九九—一一六頁。

註二　見同註一。

註三　要進一步了解青年黨之創黨背景、經過，及愛國主義的宗旨、政策，可見本書作者陳福成另著，《中國近代黨派發展研究新詮》（台北：時英出版社，二〇〇六年九月）一書各章。

第四章　丁穎春秋夢(三)

《三月詩會研究》一書，於去（二〇一〇）年由文史哲出版社出版發行後，我漸漸感覺到三月詩會每位詩人，都像一座「礦山」，我在該書所「挖」出的，其實只是「表層」，更多的尚未挖出呢！

本文所挖的是丁穎先生的春秋大業之一部。身為作家、詩人，只要有作品能流傳千秋，被代代人所傳頌；或被當代各級學校列入教材，其作品便是一種「經典」，他的春秋大業也就正式受到「春秋定位」的肯定。我現在要介紹的，正是丁穎在這部份的成就。

早在一九八四年，丁穎的一篇散文，〈三分春色一分愁〉，與朱自清、冰心、魯迅、巴金等各家的文章，同被列入「北京電視大學教材」（寫作文鑒，上集）（劉錫慶、張繼緬、吳炫編，新華書店北京發行所發行，中央廣播電視大學出版社出版，一九八四年十二月第一版，一九八五年二月第一次印刷。）全抄：

三分春色一分愁

〔合〕丁穎

冬，像一雙倦游的翅膀，悄悄地在募色裡歸去。迎面姍姍而來的——春，似一位多情美麗的小姑娘，渾身帶著一種困人的誘惑，嫵媚的挑逗，多麼使人陶醉啊！

她若久別重逢的故人，給浪跡他鄉的游子捎來無限溫情，枯萎的生命又塗上一抹綠色的希望。我愛冬天，更愛春天；我愛冬天的雪，益愛春天的太陽。因為，人的心沒有雪那樣純潔；春陽那樣溫柔。亞熱帶的冬，雖不像北國那樣冰天雪地，但，卻有北國深秋的情調，惹人遐思與懷想！而春天，倒有著濃郁的故鄉底氣息呢？

「春色惱人眠不得」，燕語呢喃，落花飛絮，徘徊庭前籬下，縷縷莫名的稠悵和空虛縈繞胸臆。心之深處像是失去了什麼，而究竟失去了什麼呢？我亦茫然！

傍晚，懷著書本，懶洋洋地躺在綠茵的草坪上，凝視著蔚藍的蒼空，幾片淡淡底白云，如仙女撒下的花瓣，輕輕地飄過山巒，飄過海面；飄向遙遠……

我沐浴在大自然底懷中，讓柔和的晚風輕撫著鬢角，吹去一切郁悶的煩惱。

吹吧！吹紅了杜鵑，吹綠了柳絲，吹得柳葉兒絮絮細語：彷彿在切切訴說一個奇異的神話，在低吟一支愛與悲的曲子；吹吧，吹醒還在沉睡的人們哪！

冥色四合，倦鳥投林，歸家的牧童橫坐在牛背上，信口吹著無韻的短笛。我底書滑落在地上，看見他們遠去的背影，我想：我也該歸去了吧？然而關山重隔，云水茫茫，我將歸焉何處？

過時，一對情侶踏著夕陽餘輝，徜徉於小溪畔，攜手並肩，輕盈的笑聲是那樣甜蜜。啊！鳥語花香，處處給人以強烈的誘惑！春天，這富旖旎的圖畫，有哪位大畫家能描繪出萬一呢？

春天太可愛了，可是只有那麼一剎那！有人說；不要讓你的青春的生命就此枯萎了，在你底生活中應該有一個美麗動人的故事，然而，美麗動人的故事，我只能在書本裡去尋覓呢！

於是，我又從地上拾起我底書本，低吟道：「三分春色一分愁……」「縱然寶島風光好，還有思鄉一片心。」唉！這思鄉的一片心啊！有誰知道呢？

這本教材（寫作文鑒），可能是北京電視大學用來教育學子如何寫作之用，因此嚴碩勤寫了一篇讀後感，「自況的反思——讀丁潁的『三分春色一分愁』紀感」，亦收放在同一本教材。全抄如下：

自況的反思——讀丁潁的《三分春色一分愁》紀感

嚴碩勤

「東方風來滿眼春，花城柳暗愁殺人。」千古名句，令人懷思。然此傷春之作，又何止李賀一人？

「春風楊柳萬千條，六億神州盡舜堯。」萬古名句，令人嘆為觀止。然此喜春之作又何止毛澤東一人？

古今「遷客騷人，多會於此，覽物之情，得無異乎」？人是富於情感的，觸物興感，可謂自然。

但各人地位，境況不同，所感也就有千差萬別。作為辭章，或以歌頌、或以寄愁，而因春感興則是一樣的。

「紅酥手，黃藤酒，滿城春色宮墻柳。東風惡，歡情薄。一懷愁緒，幾多離索。錯！錯！錯！」這是陸游為個人的愛情失敗而悲吟。

「春天像剛落地的娃娃，從頭到腳都是新的，它生長著。春天像小姑娘，花枝招展的，笑著，走著。春天像健壯的青年，有鐵一般的胳膊和腰腳，他領著我們上前去。」這反映了朱自清積極進取的精神。

「至若春和景明，波瀾不驚，上下天光，一碧萬頃，沙鷗翔集，錦鱗游泳，岸芷汀蘭，郁郁青青；而或長煙一空，皓月千里，浮光躍金，靜影沉璧，漁歌互答，此樂何極！登斯樓也，則有心曠神怡，寵辱皆忘，把酒臨風，其喜洋洋者矣！」這是范仲淹與國家大義之嘆，抒發「先天下之憂而憂，後天下之樂而樂」的豪情。

那麼，台灣作家丁潁的《三分春色一分愁》則是何種感慨呢？

多少年來，台灣與祖國大陸「相見不相聞」，雖近在咫尺，卻遠如天地。親朋無以團聚，國家無以統一。這到底是為什麼？為什麼？為什麼呢？作者正是通過這篇短短散文表達了一個「浪跡他鄉的游子」對自己處境的苦苦思索。

作品開始寫冬去春來。用「一雙倦游的翅膀，悄悄地在暮色裡歸去」，比喻冬的消逝；以「一位多情美麗的小姑娘」「迎面珊珊而來」，比喻春的出現。這裡作者沿用中國傳統的「以比起興」的手法，先描繪出一幅嫵媚的使人陶醉的春天景色。其意不在冬去，尤言春來。因為春天，「她若久別重逢的故人，給浪跡他鄉的游子捎來無限溫情；枯萎的生命又塗上一抹綠色的希望」。然而，已經「枯萎的生命」怎麼能因為「塗上一抹綠色」而復蘇呢？這裡看似溫情脈脈，實則無限惆悵。接著作者退後一步說：既便如此，我也愛「冬天的雪」和「春天的太陽」，因為，這在「人的心沒有雪那樣純潔；春陽那樣溫柔」的世上，冬和春畢竟還可以帶來故鄉的氣息，使我「遐思與懷想」。「遐思與懷想」什麼呢？作者並沒有把我們帶到他故鄉的春與冬的景色中去，而是緊緊抓住現實，繼續寫眼前的景色和此時的心緒。

「『春色惱人眠不得』，燕語呢喃，落花飛絮，」作者再一次起興，以引出縈繞胸臆的「縷縷莫名的惆悵和空虛」。這種稠悵與空虛，使「心之深處像失去了什麼，而究竟失去了什麼呢？」作者反身自問，陷入了苦苦的思索。幾十年來，風雨飄搖，歷盡艱辛，他得到的是什麼？是游子的「郁悶和煩惱」；他失去的是什麼？是故鄉與青春。然而這些卻不可言狀，只好「茫然」以對。讓自己那顆無處安放的心，乘上「幾片淡淡的白雲」，在「蔚藍的蒼空」中，「飄過山巒，飄過海面，飄向遙遠」的故鄉；讓故鄉柔和的春風輕撫著鬢角，「吹去一切郁悶和煩惱，吹去那昏睡的茫然」。

故鄉的春風是那樣的柔和，它給作者帶來了無限安慰，但是，作者意猶未盡，緊接著又一次起興，把我們帶到一個更深的境地。從對春天黃昏的景色的描繪和感受中、引出何去何從的重大思考。「冥色四合，倦鳥投林，歸家的牧童橫坐在牛背上，信口吹著無韻的短笛。」作者不加藻飾，平平淡淡，卻渲染出了濃郁的黃昏氣氛，而且還有，這中間隱隱蘊蓄著另一種情味：黃昏是這麼恬靜，而作者的心卻似「無韻的短笛」那樣單調、枯燥、煩悶。在這剪不斷、理還亂，難以疏泄的思緒中，作者終於找到了自己生命的歸宿：「我也該歸去了吧？」這是多少年來糾纏在作者心底，想說又說不出來的話啊！今天，竟觸景生懷、傾腸而出。

接著作者將剛剛放下的心，又突然一提，「然而關山重隔，云水茫茫，我將歸焉何處？」是的，游子的生涯該結束了，但故鄉是如此的遙遠，如此的渺茫，我能不能歸去呢？如果能，那該不會是書中美麗的神話吧？如果不能，我又去向何方？難道還要在這裡沉睡下去，以度殘生？這裡，充滿了作者對自己人生道路的思索；同時，也包含了對未來生活的思索。

我們讀到這裡，好似言已盡，意已窮了。因為思索已盡致，即使作者手中有一支神筆，也似乎難以為繼了。出人意外，作者又把我們領進新的春景之中。「這時，一對情侶踏著夕陽餘輝，徜徉於小溪畔，攜手並肩，輕盈的笑聲是那樣甜蜜。啊，鳥與花香，處處給人以強烈的誘惑；」「春天太可愛了，可是只有那麼一剎那；」作者把自己對過去、現在、將來的思考連成一線，由春天的美麗，想到春天的短暫，又由春天的短暫，想到人生的短暫，「有人說：不要讓你青春的生命就此枯萎了，在你的生活中應該有一個美麗動人的故事，」然而，這美麗動人的故事我卻不能親身體驗，親自創造，「我只能在書本裡去尋覓呢！」這正是一個生活在台灣的游子的悲劇所在，所以，作者只能自苦自哀，自悲自嘆：「『三分春色一分愁……』，『縱然寶島風光好，還有思鄉一片心。』」只能將自己這一片思鄉的游子意向故鄉奉上。然而，即使是這樣，「這思家的一片心啊！」又「有誰知道呢？」作者把自己的一切辛酸，一切的悲苦，一切的郁悶，一切的煩惱，一切的思索，化作對故鄉的呼喚，令人潸然淚下。

「國破山河在，城春草木深。感時花濺淚，恨別鳥驚心。」反映了杜甫對國家喪亂，家人離散的痛苦思索。

「可堪孤館閉春寒，杜鵑聲裡斜陽暮。」表現了秦觀在貶官郴州時，對自己不幸的遭遇淒苦的思索。

「試看春殘花漸落，便是紅顏老死時。一朝春盡紅顏老，花落人亡兩不知！」寫出了林黛玉「葬花」時，悲切的思索。

身世不同，處境不同，對春的思索自然各異。這些思索大都是因一時之感而發，就一人之境而賦。雖然悲悲切切，自傷自憐，卻也多少能夠從中發掘出一些社會意義。丁穎此作，自無例外。作品中傷春以懷鄉的思索，應該說是反映了台灣人民向往祖國大陸的一片真心。這是自況自思的外延。

這篇作品篇幅不長，用字簡約，卻句句不離春意。寫春的誘惑，春的挑逗，春的溫情；也寫春的蒼空、春的白云，春的晚風，還寫「燕語呢喃，落花飛絮，」牛背牧童，夕照情侶。這些，從表面上看，處處都是美好的春景，實盾上是反襯「我」的「縷縷莫名的稠悵和空虛」。以提起層層思索。這「反襯」的手法用得好。

作品中每一次起興便有所感，起伏延伸，亦放亦收，使其思考步步深入，可謂一唱三嘆。這迭宕的手法用得好。

作者寫春天的美景並不是純客觀描摹復製，而是融進了強烈的主觀感情色彩，使這些景色都帶有作者自己的思想和人格的靈氣，造出有我之境，然後抒發自己的感懷，使全篇有景有情有思，有詩有物有我，多種因素熔於一爐，這「立體」的手法用得好。

作品中的「思索」都是以「自問」的形式表現，絕無議論和說理的直白，然其思索的問題，卻發人深省，這含蓄的手法用得好。讀此之作，所感頗多，紀此為止。

丁穎不僅是一位詩人、名作家，也是文化事業經營者，他所經營的「藍燈文化事業股份有限公司」，曾出版很多社會科學、文學的經典作品，讓數十年前那個精神「清寒」的年代，給很多文化人「高品質的精神糧食」。我無從再深挖藍燈文化事業的全部版圖，那可能得另寫一大巨冊的「藍燈文化事業發展研究」。但以丁穎著「西窗獨白」(藍燈出版)，有多次再版，我手上是民國六十八年四月十二版，該書末有「藍燈文化公司書目錄」如下表。

藍燈文化公司圖書目錄

知識份子叢書

知識份子與社會	李慶榮著	45.00
知識份子與政治	陳少廷著	40.00
知識份子與教育	陳少廷著	40.00
知識份子與廢物	李慶榮著	40.00
知識份子與覺醒	郭楓著	45.00
當前教育批判	尉天驄著	45.00
現代思潮分析	文諍著	45.00
西洋近代文藝思潮	徐偉著	45.00
在聖雄甘地左右	聖提著	40.00
玫瑰書簡	金劍著	40.00
法國漫談	陳三井著	45.00
雞啼鬼走	李慶榮著	45.00
逍度幽默	文可式著	45.00
天窗集	尉天驄著	45.00
解醒集	王爾敏著	40.00
謂謂集	陳少廷著	45.00
有影子的人	大荒著	40.00
張愛玲與宋江	王拓著	45.00
一個大學生的覺醒	李筱峰著	45.00
十大爛片風波	高山隼著	50.00
知識分子的勇氣與責任	羅惠光著	50.00
洛城草	翱翱著	50.00
當前世界的紛爭	徐代得著	45.00
學術的變形	陳三井著	50.00
大學生看社會	黃宗文著	50.00

藍燈叢書

南窗小札	丁穎著	50.00
西窗獨白	丁穎著	50.00
白色的日記	丁穎著	50.00
傅鐘下的投影	陳鼓應等著	50.00
第五季的水仙	丁穎著	40.00
人生與自然	梭羅著 楚鄒譯	40.00
西園秋色	亞媺著	40.00
紙是因為寂寞	周伯乃著	40.00
帶淚的百合	於梨華著	25.00
心靈札記	張默編著	40.00
現代詩人散文選	大荒‧彩羽編	25.00
紀弦論現代詩	紀弦著	25.00
牧草與流煙	亞媺著	45.00

葵心集	高準著	50.00
勵志詩章	劉載福著	45.00
實秋文存	梁實秋著	25.00
世界文學家側影	張默編著	25.00
詩人與驢	余光中著	25.00
兩性關係社會觀	木穎編	25.00
心理與力學	李宗吾著	25.00
異行傳	張默生著	24.00
象牙塔外	王曉波著	22.00
焦慮的一代	周伯乃編	22.00
也是小市民的心聲	民言等著	6.00
孝經的時代價值	鮑登雲著	20.00
雅俗文粹	常青青編	35.00
川陝楚白蓮教亂始末	辜瀚澄著	70.00
人生叢譚	劉載福著	45.00
中國十大詞家	劉載福著	（平）60.00 （精）85.00
幽蘭春夢	傅夢華著	25.00
中國婦女與文學	陶秋英著	35.00
中國近代名人軼事	左舜生著	20.00
倫敦遊記	朱自清著	15.00
論雅俗共賞	朱自清著	20.00
默僧自述	張默僧著	25.00
青梅之戀	田原著	40.00
詩之蕾	艾凌著	40.00
流花集	姚霓著	50.00
石廬小品	石瑛著	40.00
南溪春曉	楊敏村著	50.00
朱夜選集	朱夜著	120.00

青年文庫

心月	吳東興著	40.00
青青的田園	藍天著	40.00
靜修小語	靜修著	40.00
掌聲以外	尤增輝著	40.00
零時的歌	劉錦得著	40.00
大學散文選	丁穎編	45.00
隧道外的芳草地	艾靈編	50.00
生命的光輝	張瀚仁著	45.00

學術叢刊

美學原論	金公亮著	40.00
法國文學史	（MANUEL DES E TUDES LITTE RAIRES FRANCAISES）	400.00 （精一、二冊）

如上表，在那思想「荒涼」的年代，丁潁已經為這片土地的生民注入心靈活水。有許多當代名家，如金劍、大荒、陳鼓應、亞媺、周伯乃，於梨華、張默、彩羽、紀弦、高準、梁實秋、李宗吾、王曉波、左舜生、朱自清、田原、金公亮等，都把自己的作品給丁潁出版，很多是再版多次，可見丁潁的文化事業一度經營的很成功。只是這新的廿一世代，絕大多數人已忘了過去，包含這群三月詩人過去的輝煌，尚有多少人知道，我只是不願歷史盡成灰，才有重新把他們挖出來的動機。

當然藍燈也出版丁潁自己的作品（如上表），其次三月詩會雅聚，我和丁先生說笑，「你寫了南窗小札、西窗獨白、北窗鷹語，現在就缺東窗事發！」

確實，現在「東窗事發」了！自從我出版「三月詩會研究：春秋大業十八年」（文史哲），我慢慢把三月詩會詩人過去的輝煌，逐一挖出來（及詩人提供自己保存的史料）。再一年多就是三月詩會成立二十週年紀念，再把他們「整理」出一本「三月詩會二十年紀念專集」，讓詩人們再青春、再鮮活一次，是最佳的紀念方式。真的「東窗事發」了！

丁潁另一項也深值頌揚的春秋大業，是他主編的「當代中國名作家選」，這本選集是島上第一本文學作品選集，詳細史料早已不在。但從網路上「藏書歲月之二丁潁主編當代中國名 作家選集：無名小站」，仍可得少數資料，其小說和散文之部如下表：

按「當代中國名作家選集」，編於民國四十五年，於四十八年出版，歷時三年，當時丁潁才二十七歲，選集作品如下表，王藍、公孫嬿、朱西寧、徐訏、郭衣洞、琦君、彭歌、楚軍、潘人木、尹雪曼、林海音、胡適、張秀亞、陳紀瀅、蘇雪林……想當年，只要肚裡有點「墨水」，有點文化水平之人，無不讀他們的作品。

然而，現在我偶爾碰上幾個玩的正夯的現代年青人，問他們：「你知道公孫嬿、蘇雪林或林海音是誰嗎？」

他們起先是傻傻的看著我，一會兒問說：「他們是誰？是不是前夜攻擊路人的那票飆車族男女？」

這很可能是台灣社會這個新世代的「普通性現象」！若然，這個小島還真沒救了！三月詩會詩人的春秋大業也真的成為歷史！

但至少對於詩人，他曾走過一段自己創造的輝煌，他努力過，他這輩子值得。就好像中國歷史上那些動亂分裂的年代，魏晉南北朝、五胡十六國、元末、明末、清末，乃至勢同「南明」的中華民國，多少傷痛悲涼！多少妻離子散！無數戰爭和死亡！

一樣有一群「老一輩」的詩人吧！他們以自己的生命點燈，盡可能照亮，也創造了另一個新時代，讓歷史順利走向新的朝代。丁潁在這變局中，他，引領風騷。

丁穎主編《當代中國名作家選集》封面

丁穎主編「當代中國名作家選」（小說散文之部）				
註：資料來源：丁穎先生提供。（http://www.wretch.cc/blog/ldj6/22261512）	雪茵：橋之戀	王書川：鳳凰木	彭歌：憂鬱的靈魂	小說：
	梅遜：荷花	王琰如：一幅畫的故事	黃思騁：虛驚	王平陵：老情侶
	張秀亞：父與女	尹雪曼：綠屋書簡	鳳兮：含羞草	王藍：女友夏蓓
	陳紀瀅：藤蘿	尼桑：鄉旅心曲	楚軍：羅芙娜	公孫嬿：金門之女巫
	黃仲琮：蓄木湖	艾雯：花開時節	趙滋蕃：危城	司馬桑敦：山洪暴發的時候
	楊樺：養貓記	匡若霞：蔗園風光	潘朗：再生	朱夜：火山邊緣
	劉枋：養女心	李青來：啟示	潘壘：醉	朱西寧：劊子手
	謝冰瑩：流星	季薇：藍湖拾翠	潘人木：此恨綿綿	余之良：康兒・莫特拉罕
	鍾梅音：十年	呼嘯：家園戀	蔣國楨：馬虬海	沙千夢：女人和小販
	蕭傳文：蛙聲	林海音：冰上的日子	劉心皇：貓與女郎	依風露：沙漠中的一朵玫瑰
	蘇雪林：太平角之午	馬各：春天	蕭銅：殘紅	林適存：同病者
		胡適：從拜神到無神	穆穆：亡國恨	徐訏：父仇
		姚葳：媽媽是神	魏希文：高傲與冷漠	郭衣洞：魔戀
		宣建人：人生旅程	散文：	郭良蕙：小女人
		孫旗：蛹之呈訴	王文漪：鄉居閒情	郭嗣汾：杜鵑花落
		徐鍾珮：阿黑	王怡之：綠	張漱菡：獨身者
				琦君：聖心

丁穎主編「當代中國名作家選」（新詩之部）		
丁穎：祈禱	洛夫：烟囪	瘂弦：諧奏兩章
方思：夜	紀弦：飲酒詩	蓉子：寂寞的歌
白荻：囚鷹	馬朗：北角之夜	鍾鼎文：遙念
李莎：默念	張默：陽光頌	藍丁：魔笛
余光中：別羅莎琳	張自英：開拓者	羅門：COBE 我心靈中不滅的太陽
吳望堯：採曠者	覃子豪：花崗山掇拾	
亞汀：紅葉	彭捷：山居書簡	
林泠：火曜日	彭邦禎：淡水河	
林間：秋	黃用：贈	

第五章　丁穎春秋夢(四)

考證工作的「敵人」之一是時間，經過越久，越難「重建」原樣。例如，考古學家挖到一條「恐龍腿骨化石」，就只能根據「瞎子摸龍」的方法，推知其品種、長像或掠食傾向等，畢竟已過了幾千萬年了！且只有腿骨。

三月詩會詩人的春秋大業，並非已過了幾千萬年，頂多也不過是半個多世紀、五、六十年前的往事吧！但因他們沒有「國史館」、「史官」等，為他們典藏和紀錄行誼；重量級的史家（至少國家級）可能也看不到「我們這塊」，三月詩會詩人是何方神聖？

是故，儘管三月詩會詩人的豐功偉業，才過了半個世紀，但資料隱軼程度已如古代史。東一堆，西一點，一點一點「出土」。但「名作家」總會成為某些人一生中珍貴的記憶，從電腦鍵入「丁穎主編當代中國名作家選集」，許多資料中，有一筆人們的想念：

民國五十四（一九六五）年十月我自緬甸回台灣升學，第二年在台北市買了一本「當代中國名作家選集」，這兩天在書櫃裡找到它，很遺憾封底最後一頁不慎撕掉，不知道這本書的出版日期。但書裡我寫下購於「民國55年12／1台北」，確定這本書是民國五十五年買的，至於12／1，究竟指的是十二月一日還是一月十二日？我自己也搞迷糊！不管年初年尾，這本書，已陪伴我四十二年了。

原來這位丁潁的「粉絲」，因喜愛文學，也因為曾在緬甸仰光華文書店工作一年，摸過一些三十年代中國作家與五十年代香港作家書籍，在回台灣之前，對台灣作家僅知二、三位。一九六五年回台灣後買了「當代中國名作家選集」，終於接觸到當年知名和新掘起的台灣作家群。

丁潁主編的這本「當代中國名作家選集」，收輯海內外作家八十一位的作品，其中小說二十九篇，散文二十九篇，新詩二十三篇（各篇三至五首不等），每篇前有作者簡介。本書何時完成？丁潁在前言提到，本集編印工作，歷時幾近兩年。於四十五年初，向各方作家約稿，開始編輯。但為慎重起見，所選每位作家之作品，經再三挑選以臻完美無缺之理想。所選各家不但就其過去成就的程度，而且重視其目前的寫作態度和前途而定取捨。務求每篇都能達到充份的代表性為止。

因此，編印工作前後費時將近兩年。

這是丁穎編輯該書的慎重態度，中國文人自古以來視作品（文史哲類），為一種春秋大業，不論創作或編輯別人作品，都站在「春秋的高度」，所選所編必是經典作品。丁穎也在該書前言說到編輯動機：

中國新文學，自「五四」文學革命以來，即以突飛猛進、一日千里的姿態，盡括文壇地位而居之。數十年間，舊文學已被汱出文壇，成為極少數人的「古董」。在這數十年間，名家輩出，作品的質量，均極豐富。尤其近十年來，素質更日見提高，舊文學的渣滓，已被洗除盡淨，作品的內容形式，都臻於新鮮、完美。無論小說、散文、詩，其創作水準，都超越了任何時期……這樣一個時期，極應有一部能代長整個文壇的作品總集，作為新文學發展的輝煌里程碑……

丁穎的論述，我雖未必能完全贊同，甚至還有很多論述的空間，但那是另一個研究領域，畢竟本書在彰顯三月詩人的春秋大業。

從另一方面看，丁穎編輯該書的時代，確實是「大師滿街走」，如王藍、公孫嬿、朱西寧、琦君、彭歌、潘人木、尹雪曼、林海音、胡適、張秀亞、謝冰瑩、蘇雪林、余光中、洛夫、紀弦、覃子豪、鍾鼎文……也顯見那是一個文學輝煌的時代。

丁潁編輯該選集，原計畫「以千頁巨冊問世，但因印刷等關係，無法達成理想，不得已緊縮成二十四開三百五十頁出書。」我想最大的原因可能是經費問題。

關於丁潁先生主編的「當代中國名作家選集」，到底出版於何時？網路上的小站、丁潁給我的零星資料，其年代和內容小有不同（其中必有一錯）。最後還是丁先生把他手上唯一的珍本並已絕版的「當代中國名作家選集」送我，才依書上資料做修訂更正，該書於民國四十八年五月由文光圖書公司（台北市西寧南路二四一號）出版發行。

丁潁這本選集，有小說、散文、新詩三部份，均見「丁潁的春秋大業」一文，每一位作者都有丁潁寫的小傳，若想知道五十多年前台灣文壇上的名家名品，和作家的早年歷史，這本「當代中國名作家選集」，還真是必讀！

關於「當代中國名作家選集」，為何沒有收入三月詩會作家作品？丁潁曾在民國一百年十月寫一封信給我，提及此事。原因是書中所選作品都是作者自己所選，他（她）的書信往返現存部份，三月詩會詩友當時只有麥穗和佑華認識，當時不知他們地址而未向他們邀稿。丁潁表示「此為我唯一的遺憾」，也確實，三月詩會老一輩作家（詳見我另著《三月詩會研究：春秋大業十八年》，文史哲出版社，二〇一〇年十二月）很早成名，若有機會或熱情尚在，其實遺憾尚可彌補，何不編一本「三月詩會作家選集」。所不同者，只是心態，以前充滿使命感，要為民族負責，為文壇負責，為偉大的時代負責。如今，一概不為何方神聖負責，只是快樂、欣賞、把玩，一種晚晴的生活方式，使生活中多一點樂趣，多一件「爽」的事兒！

丁穎在信中也談到，當年編那本選集碰到的一些困難，為何有勇氣幹那種事，除了年輕氣盛，就是小說家朱夜的一再縱容。不論如何！總算完成使命，使五十多年後的今天多一些回憶。

亞媺詩友：

你在「新文壇」介紹我的文章已拜讀，非常謝謝你的讚美。大作將來能收入三月詩會廿年選集，新詩略有啟動。弟近日在整理書架得此本書，為報我挑我之謹，特將此本奉贈吾兄以作未來出書之參考。此書由你收存比在我處更有用些，因為你年歲比我小很多。同時你又是重視文學史料的作家。

此書惟一不足之處就是沒有三月詩會諸詩友作品，原因是書中所選之作品都是作者自己所選，他（她）們和我的書僅來往現階段部份：三月詩會的朋友只有麥穗的作品，但當時不知他們住址，而未向他們邀稿，此為我惟一的遺憾：此書出版頗不容易，自約稿、編輯、甚至出版社前後歷時三年，而且因此書我生平第一次與人訴訟打了一場官司，原因是出版社曾先說有稿費，我約稿時對作者亦言有稿酬，雖然此書出版後不出版分文，且給稿酬了事，使我無法向作者們交待，我不得已提出告訴，但亦不了了之，因那時年輕不識世故，和出版社只是口頭約定並未簽訂文字。後來我除了將此書分給每位作者一本送贈就這樣結案了。那時我在南部而出版商遠在台北，南部大市到台北，那時經濟狀況並不好，來回旅費都成了我一大負擔。現在想起來當時是以有編此書的勇氣？這與小說家朱夜有關，因他一直鼓勵我才有此勇氣。轉眼這五十多年的了，那時黃金時代人的青年，如今已是滿頭鬢皆白的老翁了。回想起[illegible]不勝感慨之：先說到現在的青年衣暖食飽對文學沒有興趣，而我們那個年代，物質缺乏而對文學的熱愛都是現在青年難以想像的。那時我們都用手寫鋼版。現在的年輕人真是太幸福了。寄了說

吟安

丁穎　拜啟

農曆[illegible]年十月

第　頁

第六章 丁穎的手稿詩

稿紙

失落的天倫

丁穎

我们这一代
所謂新新人類，沒有誰
还記得反哺跪乳之情
更别說卧冰、温席等等的
什么五世其昌，五代同堂
都已成為歷史名詞
干俺新新人類底事
新人類以自我為中心
想啥就幹啥，就是沒想过
「哀哀父母，生我劬勞」
於今、養老院越來越多

稿　　　紙

單身貴族也越來越多
無後為大，那是古人說的
詩廢蓼莪，也是古人說的
呵！我們新人類才不管這個
一双双孤單昏花的老眼
朝夕倚閭，盼有年青的步聲歸來
不奢望含飴之樂，祇想
祇想說說兒，以慰老境
可是呀！孝親日漸日鮮
棄養卻是常見聽聞，在一群
行將就木的身影裡，還有人
尋尋覓覓，試着找回失落的天倫

戰爭（為紀念七七抗戰而作）丁穎

說到戰爭，我便想起
蘆溝橋畔的槍聲
它揭開民族聖戰的序幕
使那頭亞洲睡獅猛然驚醒
千萬中華熱血兒女
前仆後繼奔赴沙場去犧牲
我彷彿又看見手持武士刀
提著人頭在大街屠殺為樂的倭寇兵
大腹便便孕婦下体插著刺刀
躺臥血泊死去的母親猶收哭嬰

血、染紅了諾曼第的海灘
珍珠港畔血肉橫飛海水一片腥紅

一部人類史，即一部戰爭史
在那本大書裡記載著
涿鹿、赤壁、淝水各種之戰
諸如：投鞭斷流，火燒連營
還有什麼二月，十月大革命
自有人類，便有戰爭
各式有形無形的戰爭
一幕一幕上演著死亡，殺戮

自石斧石刀，鐵槍銅砲的廝殺
到一按電扭核子武器的氛圍
戰爭越來越精密、越殘酷
如果我們還聽不見
天國近了要悔改的呼喚
地球早晚會毀滅於無形
一切回到無，從無到有
又是一個新紀元開始誕生

民國一零一年七月七日於台灣客邸

五月祭

—時曖曖其將罷兮，結幽蘭而延佇—離騷

當我走过五月
我總愛佩一朵燃燒的榴花
一葉綫絨的黑艾
於是，我便想起那個收詩人
想起一本厚書裡
塵封了的那段時间
而情情地把一些角黍
投入茫茫地烟波，而且
低吟着九歌，招喚那
烟柳長堤縈繞的夢魂

如今，又是五月
又是稻紅艾綠的五月
島上人，正忙著收割女子的三圍
忙著給纖腰玉腿拍照
沒有誰再記起三閭大夫的哀愁
記起那泣咽的國殤

唉唉！我摘下襟邊的稻花
祭於東逝的長流
碧海渺渺、蒼冥悠悠
那汨羅江心採句的詩人啊
幾時歸來

落花

流星雨
情人淚
和著鵑啼
染紅暮春景色

你是莊周夢裡
飛出的蝶
蹁蹁躚躚，舞老
一季春

丁穎

雲的自述

丁穎

我是雲

煙、霧是我姊妹

雷、電皆為近親

我常駕著風的蓬車

遨遊蒼穹四海

無牽無罣，悠哉，遊哉

管他恩怨情仇是非黑白

有人說我千姿百態

變化莫測

有人愛我乘裳起舞

有人喜我緣根數據
我常伴雨巫山行腳（註）
給人間留下一播美的傳說
飄逸、瀟脫、這就是我

註：宋玉「高唐賦」襄王遊於雲夢，晝寢遇神女，居於巫山之陽，「旦為朝雲，暮為行雨」，即巫山雲雨一語之由來。

一〇一年八月於台灣客鄉

祖國

丁穎

妳有全世界最蔚藍亮麗的天空
妳有全世界最肥沃芬芳的土地
妳有全世界最綿長壯麗的江河
妳有全世界最雄偉巍峨的山嶽

從那莽莽無垠冰封雪飄的塞北
到那鶯飛草長春光明媚的江南
這廣袤千萬方里的文明古國啊
妳孕育著堅強偉大的優秀民族

而今我們正面臨著歷史的考驗
雖然是生活在一水之隔的兩岸
但血管裡有同樣血液同樣心願

同樣是中華的兒女炎黃的遺孽
四十年的阻隔阻不斷骨肉親情
看啊！統一的腳步已邁開向前

戊辰年初秋於台灣客鄉

盧山之夜

丁穎

我們來自不同的方向
但每個人情懷都一樣
喜悅、興奮，也有幾許惆悵
昔日六年，如今都兩鬢飛霜

我們來自不同的方向
都有著共同的理想
這是一次詩的聚會
詩，給了我們力量與希望

我們來自不同的方向

今夜，買醉深山野店
為的是分裂的國土的悠悵
為的是民族文化的衰微而淪喪

我們來自不同的方向
只因心湖裡熱血在激盪
這一座長跨在浮灘的海峽兩岸
讓五千年文化從這兒發出光芒

一九八八年五月四日

附記：詩人余玉書先生由香港來台，偕高準、藍采二兄遊廬山，夜宿霧社溫泉賓館，把酒話舊，共讀玉書兄捎來的家書，懷及古人「烽火連三月，家書抵萬金上根觸良深：海峽兩岸隔絕四十年，此中國人之悲劇！未又何時才能結束？同時有感兩岸中國文化日漸式微，亦中國人之悲劇，爰草此小詩以抒所感！

兩岸

丁穎

只那么，盈盈一水
阻斷四十年的骨肉親情
兩種形態，兩種制度
兩種不同的生活模式
寫下歷史上從不曾有的
人倫悲劇

如今，欣聞開放探親
那魂牽夢繞的故園啊
是否已面目全非
今夜，我急欲乘風歸去
面对蒼涼的行囊，以及
関山迢迢，雲水茫茫
以一种黯然、無奈
讓淚偷彈在每午夜夢迴

民國七六年十一月於台灣客卿

生活與夢

丁穎

天天你尋找夢追求生活，
天天你又從生活的夢裡失落。
曾幾何時你失足在茫茫人海，
那是你未掌穩生活的舟航。
疏忽的失算誤將方向認錯，
怎能怨生命的航程濤險浪多？
攸到栖斯綠曾給我們留下榜樣，

你就該努力拉緊那飄搖的蓬索。

莫時時記掛安全幸福的暖窩，

佇立在桅尖尋認你夢裡灯塔；

瞭望你生活的目标。

、

註：攸利栖斯（Ulysses）奧將賽之主角，為一不知休止的航海家。

亞熱帶的春天 丁穎

聽說春天是個(位)美麗的姑娘，
承攜着希望的花束佇於陌上。
拭去額角汗珠喘上一口氣，
耕耘的農夫赤膊冒着驕陽。
那兒有料峭風裡婆娑的身影？
滿眼蒼綠卻是夏姑娘的模樣！

聽說春天是位多情的姑娘，
我暫且拋下鄉愁離恨去尋春。
杜宇的啼聲依舊哀婉而淒涼！
卻又見伴春的桃花雪飄揚。
借問誰可遇見了春姑娘？
回答個個搖頭表「莫宰樣」。

現實·理想

丁穎

在生之舞台上，
我痛苦的繪上面譜；
在詩之十字架前，
我虔誠的獻上懺悔。
傳遞福音的翅膀，
被魔鬼的嚆矢射傷！
但，依賴吻起最先一片
橄欖葉，

告訴人們大地已有綠意了。

午夢

丁穎

輕輕地輕輕地舒展疲困的翅膀，
若恍若浮似一縷遊絲飄向遠方。
像一葉新舨月偏舟蕩漾於白雲湖裡，
藍天碧水任我盡情低迴翱翔。
綠色的凝渴象徵春天的微笑，
漫野花草散播着沁人的幽香。
清脆的歌聲來自林谷深處，
我沿小溪松徑玩賞一路旖旎風光。

南縣青年紀念稿紙

遠遠地遠遠地綠蔭中隱現翠瓦紅牆，
啊！才知迷路的武陵漁人胡為不思鄉！
懷着驚喜嚮往已久的心情拾衣而上，
子規的啼聲又使我跌進現實的悵惘！

環境

春蠶的命運要擇一個溫適的環境，
因而不惜把自己牢牢綁綑；
我為潤諸周圍冰冷的空氣，
多少次難熬了掙扎的靈魂！
造物把智慧聰明都給別人，
賜給我的只是一顆赤子之心。
我也曾努力的向別人學習，
但，越學習我的痛苦越深。

小草

丁穎

雖然多少次風吹雨打，
你依舊抽出希望的嫩芽。
不怕牧牛孩子嬉戲提弄，
也不怕路人無情的踐踏。

雖然飽嘗了雪霜折磨，
你依舊哭得那樣瀟洒。
多少人輕視你不值一顧，
你却說我不需別人來讚誇。

雖然無人把你讚激，
你依舊一天一天長大。
天地教會你忍耐堅強，
日月做了你慈愛媽媽。

小園之春

丁穎

綠色的原野泛蕩着一片蓬勃，
和暖的春風輕輕撫摩着萬禾；
昨夜春之女神來造訪了我底小園，
從此我底小園不再那樣冷清寂寞。

爭艷奪妍的百花濃妝淡抹，
招來多情的蝶兒滿園穿梭；
我浴着晨曦輕撒下希望的子粒，
梢頭黃鸝為我唱一曲生之戀歌。

一個被遺棄的靈魂

丁穎

風尖刻的呼號，
天墨黑而陰沉！
從墻角裡發出陣陣呻吟：
冷呀！冷呀！
他臉色蒼白，
哀傷而戰抖！
突然，
一個聲音向他招呼：

隨我來吧！
我帶你到一個
沒有痛苦煩惱，
沒有戰爭；
沒有饑餓的地方——

那裡永遠是春天。

多誘惑的字眼！

他撫摩着流血的脚，

又撐々身边的拐杖。

突然，

又一個声音：

勇敢、堅强！

他有些躊躇……

难道你还眷恋这凄厲的北風，

深夜的寒冷？

不，

他摇々頭：

我眷恋的是明晨的天色。

於是

他揀起身边々杖，

掙扎着
背起殘破的行囊，
繼續向前摸索。
風依舊尖刻的呼號，
天依舊墨黑而陰沉！
一個寂寞瘦弱的身影，
消失在漫漫夜霧裡。

代價

丁穎

一個人迎接黎明，
兩個人享受黃昏。
若有三人和你一同吃飯，
把一日的時間都施去吧！
倘若四、五，
或者……
那麼，
可以施捨你底一生了！

~~鄉思~~
風雨夜曾白

提起褪色的笔桿，
凝視着漫々長天。
雲紗輕掩山巒，
雨絲繚繞紅豆樹間！
灰色的日子，
是歲早已枯涸，
愛情的花朵，
衆不再綻放在豕逐
荒蕪的心園！

丁穎（聯副）

浮生三詠

丁穎

年青時，行囊裡
有賣不出的愛情
賣不出的詩

壯年時，行囊裡
有賣不出的鴻鵠之志
與經天緯地的壯似

如今鬢飛霜，髮蒼蒼
行囊裡只賸下孤獨
以及落寞

空灵的迴聲

—給亞嫩—

你說我不再空灵
只因張說總的岁月已远
春天從輕嘆中偷偷溜走
冬季的黃昏路上
少了燦爛的絢麗
多了恬淡的寧謐
但在我心底、有一個
不曾說出的秘密
生命中你是詩、是畫
是永不褪色的[redacted]花蕾

丁穎

詩中有我的祝福
畫裡有我的投影
在時間的長流中
你我是一粒閃亮的結晶
永不分離
別管外邊的風
別管外邊的雨
青山居的小屋裡
依舊泛滿愛的溫馨

民國八十七年八月於台灣客鄉

第七章　丁穎書簡

丁穎參加第十五屆世界詩人大會

丁穎在山東黃河大椅上

丁穎於濟南

戴匡吾兄勛鑒：弟函諒達，關於兩岸人群慈善交流事，不知卓協，合肥有無具体規劃？日前本基金會已召開董監事會，推出新董事長陳進財先生，弟亦辭原榮譽董事，當選正式董事，安徽方面如蒙 兄台鼎力洽談有成，弟等接到 貴方邀請函後，名列常董事長進財、陳董事邦夔、陳秘書長守梅擬於九十月間前來阜陽等地洽商細節，若進行順利，即可簽約。茲隨函寄奉有關文件，敬供參考。

近日每次電話，均難以接通，有三次適 兄外出未歸。乃改寫函件，諒可得以表達。

小兒喬遷新居，近況甚好，何日返台，盼可小聚。匆此 敬頌

勛安

弟 陳邦夔 拜啟

七月八日

湖北、貴州均在進行，屆期可能作一系列之訪問並訂約。

邦夔用箋

丁卯中秋夜口占

清光灑大地
薄霧籠輕紗
為問天上月
鄉愁送誰家

戴臣吾兄指教

弟 中原

丁穎先生：

欣聞　先生主持編印港台作家選集，承蒙不棄，來椷相邀，敢不從命，以襄盛舉，特附海風所發表之「永恒狂想曲」一文，請查收並指正為禱！

即頌

文安

弟　吳冰克上　元月三日

通訊地址：台北縣三重鎮菜寮　天龍化工廠轉

載民意氣如振！

昔日夜林家花園之遊，雲宴將如烟雲過眼，令人頗多惘悵，蓋感如人，讀之有同慨也！

茲隨函奉上墨蹟攝下山留影十六張，聊足紀念耳！（雪泥鴻爪）十年來校稿之，堪供一哂也。

餘容再敘，祝

儷安　有暇代致候

張亞媺先生伉儷

下

中原敬上

十、六、下午

于双溪寓所

中原用箋

載臣吾兄如握：

頃獲大札，不勝欣喜與感嘆！喜的是，你能於百忙之際不忘故人；嘆的是，你在元月廿二日就已寫好給我的信，竟遲至本月廿二日始寄出（付郵）（根據你在信末的日期與郵戳的印記），其間相距有一個月之久。想見吾兄沉酣「放情乎竹戰，馳騁乎方城」之勤、之專、之執著、之迷戀……令人不勝佩服，並深慕之至！

你在信尾曾有邀請我去歸一遊，秋高氣爽的北中國，嚮往之餘，亦深以錯過了何等之遺憾也！

中原用箋

①

我主編的「聊天」雜誌，曾寄給你十七、十八兩期，十七期你說已順利收到，十八期說已過目，你的「給李魁賢」一文，于衡、寒爵、應未遲……等諸人，推讚不已，但卻被徐水德在索々十七期之還曖碰到我時表示遺憾，但他竟說，竟現他已替我向于衡、段宏俊鐵了帳，這讓徐的大作給徐水德的震撼不小。「聊天」十九期已在印刷，下月可以寄上。立法院打架流血事件層出不窮，你說看到的流血事件，我不知指的是那一件？

中原用箋

㊁

現在台灣有廿餘天就要舉行市長省長選舉，三黨人馬（國民黨、民進黨、新黨）已經短兵相接。幾乎每天都有殺人打劫的事情出現，李登輝透過自由時報助選，烏煙瘴氣，出盡洋相。好戲就在後頭，如選舉時你尚未歸，我會剪報寄給你。

台灣旱象嚴重，今春陰雨少，水庫缺乏乾涸見底，天災人禍，令人擔心，百貨不包。你說過要辦的食品工廠想已開工生產，在此祝你大發財源，俊業宏開。

附上近日聯合晚報來十張，照片多攝寄。

內子順筆問候

弟　中原敬上　一九九三、十一、一、

中原用箋　③

Dear my..

How are you? I am very miss you。　　（[illegible]）

穎，夜已深沉，很多人們已睡了，我仍然靜靜的等待你來信，電唱機
傳出的歌聲都是那么冷冷的凄涼的曲子，一支是「哀叫人生」另一支是
「何日君再來」另一支「寶島姑娘」，歌聲更甚太美，那是美的有点蒼涼而孤
獨的味道，可是我就是喜愛這些曲子。我有一种想哭的衝動，我流淚了一小時。

親愛的穎，你問我要什么禮物，穎，讓我告訴你，我要的是
你快回到我身邊，每晚給我擁抱，你訴述着往日恋情，聽到
往日的聲音。哦！親愛的，我想念你！……——

穎好好地養好身体，別憂愁、苦惱，天無絕人之路，「柳暗
花明又一村」吧！[illegible]，英文一句也
不懂[illegible]，穎這不是[illegible]從天降嘛！相信我！我們總有出人头
地的一天，只要你把身体保養好，早日健康，幸福[illegible]。
[illegible]。
[illegible]

[illegible]

穎，my Dear，[illegible]吧！

[illegible]。——　　你的[illegible] 嬔上 1967.2.1. [illegible]

穎，

從CCK歸來，一路儘是迷濛的雨，想喚住從身旁擦過的車子，但，幾次都被淒然的心緒給遺忘。

風從我的臉頰走過，而雨卻不停地從髮前滑落在唇和臉頰，此時，我彷彿又看見了寂寞，村走在湖北街頭，我的聲調和思緒一直是沉重的，已經忘了該拭去臉上的雨，我只是想到「歸去！歸去！」走在冷冷的雨中，我的思緒一直是盲目的流浪著，想您，想孩子，想過去，想遙遠的未來，想那些生離死別以及歡聚分散的日子。

穎，您知道嗎？此刻，我感到落寞慘灰，您是我生命中第一個不能忘記的影子，激望嗜嗜的在心，浪迷仍那麼深，想寄給您我的細訴，可是也不知自己在那兒寫信。

穎，我坐在寒麻的深山給您寫信，那您呢？您身體是否好些了，每日吃的藥是否有帶來呢？遙希望您的身子能夠很健康。別忘了，常讚如的叮嚀，但願回來時能看見您容光煥發的神采，好嗎：

不管您的日子和我的日子流浪得多長，您在我的記憶中仍然是那麼深刻那麼不可磨滅，我常想有一天我的影子或則您的影子在歲月的階梯上倒下，那時候的您我，又將是怎樣的感覺；死別的悲痛將勝於關山萬相思的凄涼！穎，但願上蒼能賜予我們幸運，賜給我們以長久的幸福。

想您！想您！想您在寂靜的深夜，穎啊！人生的聚散好難，您是第一個讓我微笑和流淚的人。我可以忘記那些飄泊的浮萍，卻不能遺忘在我心靈裡的燈。

如果，我能看見這個世界，這一盞心靈的燈將永遠照亮我的影子，穎，您說是嗎！而我仍然在您的燈前閃爍。

噢！今夜，還感到無限的落寞，冰冷的心，有一種灰燼迷住的感覺，我卻有更深深的默然，穎，我永遠懷念著您，永遠……永遠……只要您健康……。

祝福您永久

身健安康　您的妹妹 敬上 六五、三、十四 夜十一時

文藝月刊社稿紙

No. ________

戴臣吾兄道鑒：

[illegible]中心一事，

[illegible]

[illegible]廿八日

[illegible]

[illegible]

[illegible]

。[illegible]

撰安

弟 [illegible]

八月廿三

廿八日[illegible]

12×25＝300

尊敬的穎兄台鑒：

今天是聖誕節，是耶穌誕生之日，是旭日東升之時，在此西方人的"春節"這天當兒，弟為您寫信，完全是祝福我的鄉兄，我們滬上詩人作家、真人，道德楷模幸福、安康，祝我尊敬的文化長兄、大哥丁穎府健康、和諧！我與接長小楷對您的為人、為友、為兄長的熱心扶植、真誠善待，關愛至極于

我倆同感到榮幸！天下朋友多多，而

真正能以上肝膽相照者，寥寥無幾也！

願足，能我們的友誼永存！！

經您們促，黃教育同志已于十二月十九日

將人民幣6230元寄來了，勿念。

劉軍將到，啟在湖北春夏間見到大哥，

暢談別情，傾吐大哥詩文寫作出書，宣揚文化

之樂！

祝

劉春園府歡樂！

請代為致候！

擁抱吳鎮江，吳騰凰

二〇一二年十一月廿五日

胡文蘭

丁穎兄：

今晨接到您的來信，甚感驚異，因為在去年的十二月上旬，我曾把您的"鄉愁"連同全新的菲幣四張（即二元、一元、五角、二角四種面額者）以平郵寄上，我不敢以掛號寄上，因為郵寄鈔票出國是違背菲國法律的。可能我寄時正近聖誕，可能郵件比較擁擠以致遺失了。您的"鄉愁"我因找不到有稿費的報社，所以未寄上還給您。

請諒，不要見怪，出版後，即寄上一冊。

就此擱筆，祝

快樂

[illegible]鳴 拜上

1-10-62

附寄拙編「詩的變奏」一冊請指教

丁穎鄉兄：

大札及稿件均已收到，惟本期來稿特多，長稿實難安插，部分不得不移下期處理，尤其是一切均由個人包辦，已弄得焦頭爛額，手忙腳亂了。

弟多年前曾以「奇傳妙聯拾萃」由「文藝月刊」連載約兩年，可是剪貼已捐給文學館，並無出版計劃，許多手稿也多已捐給圖書館了，兄那篇詩稿大作於下期付梓，請容先行發表，敬請海涵！

祝

文安

弟　邦傳　上
101.5.5

載臣：

我年輕時候戒過兩次烟，大概是道性不夠，戒得不澈底。直到第三次戒，才戒成了，如今戒了近二十年了。

我近四年來實行過兩次閉門性隱居，大概也是道性不夠，閉關得不澈底。現在第三次閉關，比照戒烟前例，決心要把它做成。

我決心不見朋友（如有事聯絡，請用寫信方式）；在整件訟事結束後，當面也不見敵人。（沙士比亞劇本中說（仇敵都不見，除卻一寒冬。Here shall he see / No enemy / But winter and rough weather。寒冬畢竟比敵人好多了。）

在我生和年死了的英國大詩人霍思曼，最後寫信給朋友，說他餘生無多，但有生之年，他珍惜過去的友情，如「金光之加於落日。」（And shall treasure it as adding gold to the sunset.）如今，我就以這道金光，敬作話別。

李敖

一九八六年八月二十五夜

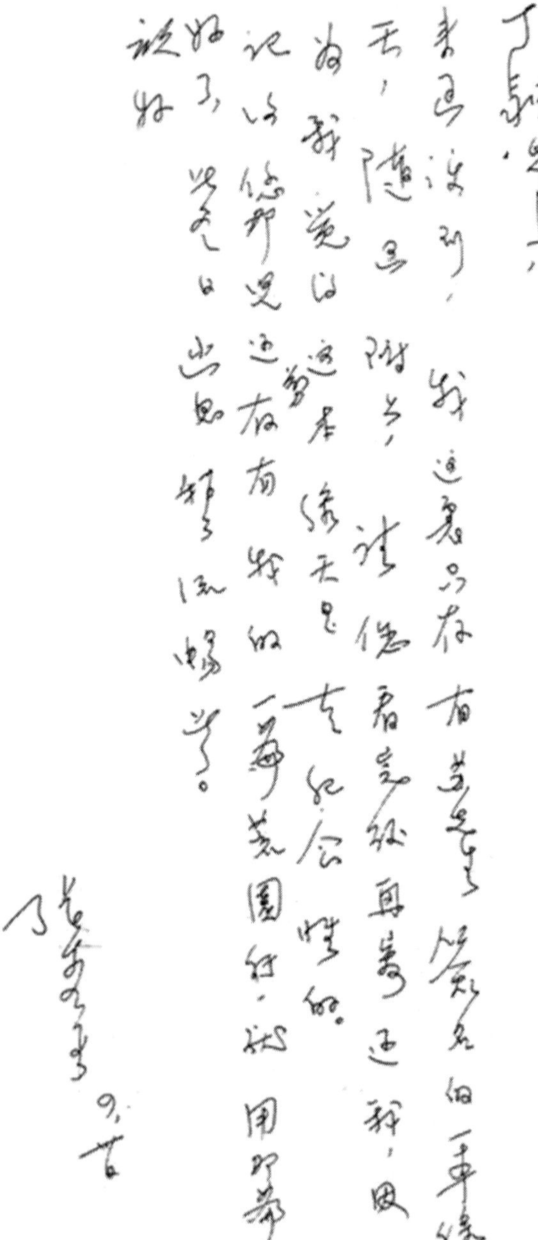

丁穎學弟，

來函收到，我這裏只存有黃花崗彩色的一張像

丟，隨函附上，請你看完後再寄還我，因

為我覺得這本像[illegible]天是去紀念公[illegible]的。

記得你那邊還有我的一幅黃花園[illegible]，我用那幅

好了，望[illegible]日出版新[illegible][illegible]。

祝好

丁[illegible]

[illegible]

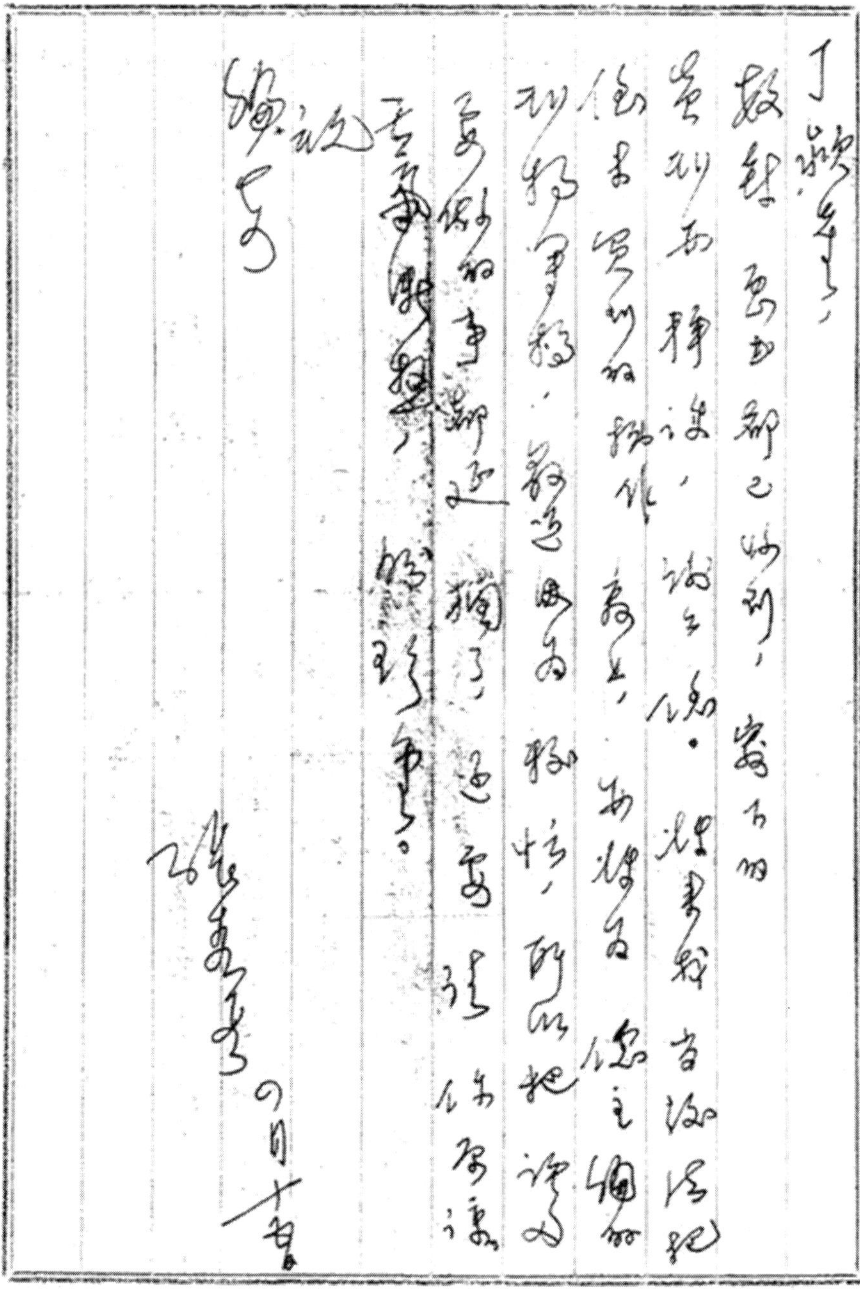

丁穎先生：

丁穎先生：

大函收到，

華作意境之高遠，詞采之出眾，深為佩服，曾試投送雪

刊物，但以篇幅太長，難於刊登，此後決定著作紙好，

這些刊物缺乏創意，但也產有一股蓬勃的朝氣，今後望

精隨思想有時較難讀懂，崇希諒先生吧，該刊總編輯

在該刊上發表的都是小品散文，想不久你可以看到它。

安好

祝

文安

張秀亞　十二月十八

藹之：

明天是您五十晉一大壽，在此向您道賀。（您的生日是農曆三月廿三日，從您寫的洋人过農曆）記得去年您五十生日時給您寫一信，一轉眼又是一年了，真是時光容易把人拋，這一年街上看不到您的書和您的新詩，總是被封殺的原故，打了幾次电話約您人搞，沒有您消息，時常在念着。今上午和文楷見面他說前兩月和您聚餐，得悉故人無恙，殊為欣慰。

我很羨慕，自念：近日在等待而一切物，甚至先和您商量怕您嘗羨又不務正業，更要有的物不為的物討家主之嫌都一

1

樣，我這家除一个人之外，什么都沒有，去的的沒有號，不去的的
物也是沒有錢，就寫書級活，寫了還，再然也就不到哪裡，常
一期有朋友為我代從幾个出處印了未真說，成為了安慰但
看這化為何了。

日昨發的稿寫東西在一个鉄盒裡，發現十年前寫您快言
自由時代氣紙的八字：言時我又將您的生辰八字告訴他
並告告詩與他留點名，但竟得紙得精奇謀，此亦是中
國文化一大特色，愈又得讓人覺得意味，去您生日時添
為附上，就當賀您的一件小禮物吧：

另外，这个小帳冊本来我算给您看，愈原國做送他

而且因為是你後來，當時爸爸記憶是對爸爸自己有個交待，我去年覺得還是給您看了好，爸爸一直記得您向爸爸說的一句話：您視爸爸是畫展藝術念的朋友，因此您說您的父親是畫自己了去年近說只是爸爸級又太奇怪了，沒有細心，的以前先生可能不替您的難過，但是知爸爸者莫如您，當可見諒的。關於老子畫展後爸爸的錢用了多少錢，答太太，還債高齊教授處理，小女設在公司，母子們應付喜費。如學習英文譯言說是的事要求的，餘除夕就替您找壽錢數十兩去爸爸處，紙時時候還來不及兩年學中可帶去，另外在房，及於今要去時也有記載明細但率之太太錢文一同寄您。您今後中年中一直給您過目。最後

向您說明的：我小小的[illegible]作錢文章，[illegible]
因為經我手：這筆錢沒有由我親手。一直到現在，所有人還
青龍將這筆錢全部還了我：這些年來一直不敢讓我
起。今天看到這些文章，在此便說了，希勿介意。
處在今日功利社會，有些農業社會的精神是多麼不易
像您以道義相許，以平凡最大快樂，即一味讓有何識
呢？也許很辛苦是為愛吧。可是曾看著許多長者[illegible]識，也
許年紀大了吧……就此打住，未了。祝
　您生日快樂

丁穎　拜上
[illegible]

4

P.S.：一、寄的稿會寄去美也把它見告。
二、[illegible]第一冊書，我手頭沒有。

民言先生惠鑒：

拜讀週刊八月五日出版之392期中，閣下報導有關駐巴拉圭大使王昇將軍被人誣告之真相一文，倫昇與大使館同仁讀後，對閣下觀察之明確，秉筆之公正，十分欽佩。

閣下雖曾訪巴，但已隔數年之久，然對此間倫情瞭解如此深入，閣王大使亦認為閣下是一位傑出之專欄作家，本人是大使館之工作人員，特對閣下主持正義之精神，表達由衷之敬意。

既承閣下關心本案，應使閣下瞭解全案真實情形，特將本案之重要資料附上，俾供閣下參攷。但此項資料雖非機密文件，而係政

府內部資料，閣下可作充份運用，但請勿全
盤公佈，又如閣下肯點出真名與通訊處，尤
將感激。耑此。並頌
撰安

朱文豪敬筆 七十六、八、廿一日

民言為丁穎寫時事專欄之筆名

丁老：您好！

陈清锦先生为您写了幅字，只是您前几次说您就要回来，就一直想面交与您。看来短时间内您回不了，就寄去吧。

郑北京图书馆和其他人题字到，还请您老费心，总之是多多益善。争取7月底或8月底向推出来，再迟就距五周年（2006年6月13日）有点远了。别不多叙。

祝

安健！

[illegible]

2011年6月30日

丁颖：

您好！

寄来的宋楚瑜题字已收到，这对于刊物无异是锦上添花，只是刊物创办已四年整，再请人题字时，不提创刊时间也可，因下期为诗伯台专刊，题字只好到12月份刊用，届时将精心安排，以示尊崇。大陆这边也有八位文化名人已题字，以后每期均安排刊载，这样影响自然就扩大了。

刊物基本上每期都给您寄去几本，大概只有一至两期未刊发寄，不知为何没有收到？接到您来信后，已寄去了包共9本杂志，其中两包为挂号。今再寄去7本，如需要尽管说，刊物题字如方便，也是多多益善。

我今年元月底前争取到台湾一游，有情况再随时联系。

祝

秋安

李郎

2010年9月9日

淮南师范专科学校

尊敬的丁颖先生：

想来您已安全离皖返家，我衷心地祝福您康乐，全家幸福！

十分感谢您对淮南的访问。尤其是您千里迢迢为作者送上样报的救世精神，着实令人感佩。而您在学术报告中所流露出来的爱国思乡情怀，更动人肺腑。总之，您的来访，给我带来很大的鼓舞。

在谈话中，我已表明我对尊著的基本看法。实际上，您走后我便写了一份评论提纲。因我从总体上，想把您和高準、痖弦、张默先生的诗作进行一番比较后，才着笔写作。加之我计划写十位诗人的专论，且每位都想能通过研究来解决一些理论问题，而非写一般性的评介文章，因而为这一未能动笔。我的目标是写，诸如我已写的评向明、瑞金、郭小川、贺敬之和月初寄给您的评洛夫的文章。全部完稿后，出文集。总的着眼点，我是想从对诗歌内在艺术规律进行探讨。那种赶时髦的文章，我是不写的。对此，尤其对您本人作品的评价，有何意见，望能赐教！

本学期课已全部结束，七月七日将放暑假。七月中旬北京有个会议。归淮后，便抓紧着手写反映全面的几篇文章。高準先生曾有信告知，他欲七、八月份来大陆寻访新疆等地，有望来淮南一晤。请您与他保持联系，望将其来时间告知，我好为相迎。尊夫人孟[illegible]女士处，请代为致意！亦请代向刘菲、周伯乃先生问好！

专颂

夏祺！

陶保玺敬上

1996.6.30.

丁先端兄：

南市中聚，暢談終夕、路有相見恨晚之感。歸來得自況界，吾兄之見解及諸多觀點、均令人受到啟發及佩。今後尚祈多予「賜教」以匡不逮為盼。

貴好友王同世先生日前
已由大陸返港，亦達峰前
繞拜謁，相談甚歡。此間
又多一好友，誠快事也。
所寄來之資料均已收到，
且已擇於閱讀。大作緣
一詞題，見解尤為獨到，旁
徵博引，內容極為豐富，

允為警世之作。字字中

詩一首、甚好。此詩格律

久不動筆，無非是拼湊成篇

而已。一笑、

即頌

時好

弟

王夢鷗拜上

78.3.3

77.5.3,000

颖兄：

曾托香港诗友带去小札和照片一张，不知已送达否？念念！有便，望寄我一份。

近来有无佳作？我要我十几首否？我寄给你带去的拙作诗手迹七首有之，而此方之评释斯，且未向你寄，奈何！

选集之议，有何具体设想否？如需要我方邮送你数十首否（都在海内外各大报刊发表过的）供你筛选。印数不宜过多，两千册就行了，以交换远方阅之。（再版之数）

匆此，即颂

编安！

文庆再拜！！

七月廿四日

Peer International Corporation

賜教处：No.1038 W. Garvey Ave.
Monterey Park, CA. 91754
U.S.A.

丁穎先生：您好，

塗文遠先生与我是同鄉同學又是好朋友，特囑我轉丁先生一信，并將此信內容寄來請查收。如先生今後有信給文遠，需我轉交我一定照辦，希勿客氣。

我是去年同內人姚永賢及其兄嫂弟媳七人移民來美，本人子女孫輩均先後來美六人，子女已工作，孫輩在美入學讀書。國內還有孫輩讀書，今年大學畢業已分配工作，不久將來美。此外我有一同學黃松緒及其他朋友等，我以文遠关係願与先生作朋友之交，希不吝教益。敬頌

時祺

程相礼 拜上

一九八八年八月十七日

丁穎先生：

接信，先生編"掃蕩"，每週寄到，繁忙可知。

朱夜先生要來信給副刊，晚已寄給他自

高如說新辦法，因並請他聯絡過，近日即有

他的日記在副刊上發表。

您"祝教之五十壽"之聯，屬"自由詩壇"稿件，

目前該欄由本報黃姓舊詩人負責，晚不敢

擅權，故已轉交由他處理，如未能見報

甚祈鑒諒！

另寄"作家日記"邀稿函，甚盼無論如何

先生均能賜稿相幫！

晚向陽拜 7.23.

即頌

編安！

丁潁先生：您好。

此前有幸接到您的大著和信。這兩本書很珍貴，謝謝您對長者贈給我，很感激。這書是於幾代已定，但對新一代的詩壇好作參考，說是新的。我會在我編的詩刊上刊發。見報後當寄上樣報。

台灣人情、交誼、風物很是合我。可惜我持中國大陸護照，申請去台灣很不容易。上一回是綠蒂兄和秋水詩刊邀請，這一次借世界詩人大會，未去得成。

附上我們的合照，這也是很珍貴的一張照片，因為我不知何時才能去台灣。您信箋上的電話886-4-22392478應該還用吧。如有新消息，可與我聯繫。握您的手。

[illegible]上

中国社会科学院文学研究所 ①

丁穎先生如晤：

元月廿二日大札敬悉。非常感谢您寄来的"著作權法"(复印件)。此事的事就这么了了。我真为您抱屈，而更進一步理解您的人格气象，生起一腔崇敬。您的詩人气质很重，与许多出版的人与事打交道，难免发生纠纷，现在两岸都在呼吁台商權益保障，您已是最典型的受害者了。

我的《胡適評論》书稿，原交"三民"要出，但由于两个原因，没有最后谈成：一，全部颇大(80萬字)，他们担心经济上赔本，要求压缩。二，书中如实地写了胡适晚年与国民党当權派的種種矛盾冲突(《自由中国》、雷震事)，可能在措词上会有对国民党当权派不敬之處。一家叫"幼獅"公司也曾同意出版，但也要求字数压缩至卅五萬字。我很为难。十年磨劍，自認为学術上很有些深度、厚度，出版后也会引起較大反响，而就胡适的歷史地位与文化贡献来说，八十万字篇幅是合適的。故一直不肯同意压缩，还在寻觅有遠見的出版公司。您对拙著的关怀，我十分感動，您們能替我聯係到出版机构(公司)则太好了，但要能遇上有慧眼并有膽識的出版人。您说您們的公司或可担当，我更是感激不已。如果您們的公司能出版，我可以不要一分錢的稿费，不能让您們的

中国社会科学院文学研究所 ②

(公司賠錢送書)我心裡不安。——书出来后的销售情况毕竟心中無數，還請(到時)您全面權衡了再說的。(可與經理部人多商量)

這裡隨信附上《柳園傳論》的出版介紹資料("自序"與"目錄")兩件，聊供參考。您可以考慮向台灣出版圈子裡敲定一下？——如果落實了出版單位，我可以去信叫我台北的朋友(中研院文哲所(初步))將书稿送上审閱。——總之，一切拜托了。還有《文学评论》与《文学遗产》今後如何寄？您在大陸上是否還有收受代理處？(山東老家？)還是直接寄台中？盼即奉覆。臨書匆匆再申謝忱。

恭頌

新歲吉祥

事業大發

胡明 拜上

二．十五．

丁穎：

謝謝你的信，還有書。

这本書——我有你全部作品，包括散文正好沒有這一本，太好了，而上面有你的簽字，倍加珍貴。

我在8/26到11/6中间，（三個月不到）會到美國愛荷華大学參加他們的国際作家計劃（後面剪報有些資料），請務必給我寫信（附上地址）。

這兩天正忙著收拾行李，但還是趕緊寫信來向你道謝——你的信，寫得真是好，有感情有文采，也謝謝你的詩——可惜好久了，一直沒有音信消息，可能我也太忙，祝一切安好，保重身体！　[illegible]敬上　8.23

（這照片是用我相机自己拍的）

窗前是這條美麗的愛荷華河

丁穎：

謝謝你的信。

在海外安靜的灯下，展讀你的長信

真有幸福的感觉——在這忙碌的時代，功利的社會

還能有老友的信，手寫的信，我難道不是天下

最幸福的人呢？

愛荷華的秋天，最美麗的顏色就掛在每天

走路經过的一棵棵樹上。日昨去聶華苓老師家

吃飯聊天，每年秋天也是她一年中最高兴的時光。

兩岸三地（包括香港）都有寫作的人在这裡相聚，大家

把酒論文学（你也認識她吧，在她編「自由中国」的時候？）

也為你高兴——你又恢復寫作，寫詩了。真好，

晚年裡，只有文学是真正的歸宿。

祝福

鳳鳳 2010.10.14

於愛荷華

丁穎先生：

老人家好！北京一別，不覺竟三年有餘。不知先生近況怎樣？想當初雖然衹是短暫的相逢，但諄諄的教誨，至今歷歷在目，使晚輩受益非淺，甚(至)是想念。

最近偶得您的訊址，甚慰，冒昧給您寄信一封。在百忙之中打擾您，很抱歉。

吾自小就酷愛中華民族的傳統文化，特別是詩詞文华。吾雖農耕出生，"在蒼茫之中浪迹于人世，更在磕碰歲月之中家覓一方樂土。"學閱有限，功底甚淺，索興寫一些表達自己真實情感的東西。按現在說，衹能勉强算傳統新體詩。特您寄了一些，望請斧正。

另外特請我的書法朋友羅擘海先生書寫三首詩相贈，其中一是晚輩拙作，另兩首是成都詩友作，望請笑納。

寄上與您在北京的合影，以留念。望有機會多多向您學習。懇邀請您及家人到成都做客。

祝您

安康！

尹洪川

丁潁

鍈之：

在前幾天寄我看到了，從枝得利々上你的阿黎咱々，以及越南僑生々上々莉莉大姐信你的信——夢、及首目——我打算給你寫信，信都寫好了。信里一件苦惱的事情實在的能說些，因為擱置了。

使你來信，使我非常為難，雖這，但為什麼多這麼這樣的自尋煩惱呢？我們不幸生存的是這世代和這時代，沒有一塊乾淨土的世界上，一切問題霉氣之經過的，使我們實在受不了，又不要再作自我煩惱了。所以不聞、便不知。此界寫上了，了

無為之。只要我們自己生活得乾淨，不分世②
俗合流就行了。再試想去了這世界，去了回家
去了這社會，我們何苦了什麼？萬里是淪陷
一望，天塌下來，有大個兒撐，毋須我們去操
心。絕不以為我是在從救呢。絕對這比我
多千百倍。

莉莉我想她是最高雅的那女孩子了。
吹了就吹了，有什麼了不起的痛。只要我
們有信心，那里沒有女孩子的。踏破鐵鞋
無覓處，得來全不費功夫。天下何處有
使人不能留信的事情，都是情感的東西。
妻是為一個女孩子所走十步達，生的只是天下事

一億了！

振作起來吧！穎，把一切不如意的看③作是理所當然，便無不會煩惱了。

人生乃是為努力而向的，便使生命延續下去寫作，那人不就成了古來的工具了嗎？寫作是為了享受，其他工作也是為了享受。

前面我不是說我曾經過一番煩惱，那是因為我這個字好，人家不向我聯繫。後來我們就維持通訊了。

再接來信時，希望那裡[redacted]面有見一個微笑的上升……。

信子

八月廿日

載今丁穎吾兄：弟再三讀吾兄這篇「談詩——」的文字，驚服吾兄的文字功力，比記憶中讀過的都高明。

談詩，何易哉！也曾讀過一些「談詩」的文字，常有困惑或累贅之感；吾兄這篇文字，既廣徵博引，又語無敷衍，字字中肯，言簡而不失婉約，意賅而不顯匆忙草率，確是一流文字。弟豈止不如，是弗如遠甚！

嫂夫人尊前懷[illegible]問好。祝

時祺

小弟[illegible]再拜

一月十五日

丁穎兄：

一年多前，弟住土城姻親，強要我晚上去為其幼子補習英文，（週一至週五，晚上六時半至八時；是期例假，晚上七時至九時）千推不得，只好答應。

三月四日（本週五）我盡可能早到，希望七時左右可抵「上林」，以圖良晤。

我沒有學過舊詩，沒有學過音韻學，但常胡謅打油詩，十多年前，為菲律賓華僑老友編輯的「行腳生路」旅遊系列，在「編後贅語」附撰四句，描述作者一生志業，知者均謂言簡意賅，難以輕易一字，順便附呈手邊尚存的二冊，吾兄或可聊以遣興。近年來，回六、三老友信，如舊病復發，喋喋不能自休，常胡謅四句以代

「七十年度憶流年，些月殘酷催急前，
萬般無奈隨業過；枯木待雨去了塵緣。」

自愧不能與吾兄相提並論；「辛卯除夕感懷」，工整之外，具見功力，弟是外行，固無論矣！弟之體會，吾兄舊詩，就這幾首「辛卯除夕感懷」，比之兄之新詩，讀來更順暢爽神。

嫂夫人尊前，順此問安。專此 順頌

小弟 [illegible] 拜 二月廿六日

三一頁

戴公丁穎吾兄：

於文學方面的能力，比之吾兄，弟不如遠甚！看番精讀吾兄賜閱四十一篇大文（約十萬言），更肯定非弟所能企及，

自日來，弟每日於精神較佳時候，一心誠敬，專注拜讀，並隨記下偶有所感於篇首。

高准千兄勸兄出版，弟衷誠贊同，俗人俗世，能多留一書，總是多些意義。世人常問生命意義何？弟於本世紀前，就自作解釋：「人之一生，生命的意義，與其一生做多少事成正比；做多，意義丰富；做少，意義貧乏；不做，空白一片。」意義如何解釋？則隨個別的價值標準而解，莫衷一是！」

謹用「限時郵件」璧還，順候[illegible]問嫂子好，並頌

闔府大好

弟常哲小平同敬拜

五月十三日

丁穎先生：您好。

兩篇你的大作諒已見報，並把您的手稿製成版刊出，現寄上剪報，盼今後多聯繫。祝筆健。

[illegible] 敬上

穎：

讀到您的來信，好像是讀一篇使人很

年酷但又很欣慰一的小故事似的。真是天

無絕人之路，當你到了山窮水盡的時候，

上帝卻信了我們的情念。此次餘皓在平

每個老考中了新聞，至善的息怎是你

的在某人的條件，而這幾年之間仍未

現，真正是要起些回想。

你於二月秋發問了田中，那末前差

云云二兩個月的時間，字信怎怎一封信

云出了你也到沒有。那封信是最遲的

信之子以前，尝接獲藝術驱至嚇信，是因

年有這個家的了，經我兩封長信，解釋了我這家的源源本本，對於從前尚有理性，所未出什麼漏子，所以那一段時期情形很好的。

我一直沒有找到了，一直在家裡呆著。②和在吉那種繁雜的日子比起來，真是自由自在，真是無拘束，但日子久了，無聊了，又是不好受的。這次國營九大公司招考職員，曾去了兩封信向輔會索，從明去都不之不久，真氣死人，從來意）是，代民秘國認去了去了去預去了條轄表。據代我辦的承辦人看了看我的簡歷和信，對我印象很好，從輔會審查可能沒問題，（這一關最重要）但正式開過去、又過從來，到底如何，未敢卜料。閒着沒有事，我很想練習着寫一點散文什麼的，結果寫了兩篇發表中央日報，都給退回來了。真苦惱。有空給我看看，到底壞在什麼地方？

你現在既然有工作了，我更盼一月想一些不愉快的事了，放豁達一點。同時千萬要珍攝健康，因為身体才是干事業的最大本錢。

草此

近佳

侄子

二月九日

③

丁穎兄

七月初、及八月中分別寫了兩信給你，這本書信均收悉。今天郭楓兄來電告我，你將於月底來美一行，聽了非常高興，我誠感快慰。我將於明天去Fremont明主之旅遊並定去；預定二十六七號回此。據你之信，將於廿日抵香港後再到日本要一個禮拜才回來。所以你最好在九月九號或以後到達，我才能到機場接你。但我們有車也不會開，屆時恐怕只好搭巴士。又說旅貴了，她找不到朋友家可住。我已幫你打聽了此地的旅館，有一家便宜的，一星期七十七元，房間還好，只是沒有單獨的衛生設備。但平均一天只有十一元，也算便宜的了。就在加州大學門口，交通很方便

許可以找到人開車來機場。我的電話是（415-548-3167）

想也是信封。我的房間很小，只一張床，無沙發。

我們第一二天，可去借被褥等物以補。稍久則借房

子再寫。

你來時可將藍燈的書帶一些來，尤其是康寧、郭

楓、徐文、我、和你自己的書。此地有書店可賣，

我們本文學上的講座。如能帶這些得下文詩

的，阿華去買幾本帶來，可一起賣。此地有兩三家中

文書店，很多台灣的書都有賣，就是沒有藍

燈的，只有洪範和大漢的。

郭楓從被人吃倒帳，不知詳情如何，甚念。

即此祝

順利　問候亞孅、小英、曉波，

秋原：

丁颖兄

关于对我的诗的选择，现收得包括你在内的七人的意见，其中自己是诗人的四人，不写诗的资深者三人，女士三人，男士四人，在台湾及在大陆的各三人，在美国的一人。有一人选到了十八首，一人选到了十五首，一人选到了十二首，另四人选十首。有一人要看到了1985年版《[illegible]诗集》。共有被选的有四十七首不同诗篇，得票情况如下：

① 六票：在故乡那。

② 四票二首：钟声、中国书写的曲。

③ 三票二首：回家的路上、寒夜。

④ 二票十九首：谒孔子墓、登长城吟、[illegible]、[illegible]、[illegible]、[illegible]、[illegible]、[illegible]、[illegible]、[illegible]、[illegible]、[illegible]、命运、诗魂、[illegible]、[illegible]、[illegible]……

⑤ 一票者二十二首。

你选的十首中有九首至少得过一票。

承询问，谨奉闻，聊供一笑。

祝好

犁 上 2012.8.2.

我搬家的事尚无着落，私意台中生活机能方便的地段房价如何？

方艮
丁穎：

謝謝您，相片已於十七日親往新竹送給黃小姐一份，夏天的我準備在下月中旬才送去。有兩張我已代為簽字送給黃美小姐，她本想另外簽字送你們各一張，但因加洗的份量不夠，所以我決定將來再加洗好了，才給你們寄去。

暑假她們都準備到台北來玩玩，我希望屆時能與你們見見面，不知　閣下意見如何？

丁穎要北上，我很歡迎，到時候可以住在我這裡。我又搬家了，地址：台北市新生南路81號內通信大隊第十号寢室。郵址：台北市郵政第7130信箱

電話：25020#25021#轉922找十号寢室

當然我希望在來之前先有封信給我比較好，我可以到車站等候招呼。來了好好工作，請多指正。另外曾由某君介紹了一個台東新報社的「詩壇」園地，是由李青華主編的，地址是台東永安街70號台東新報社詩壇編輯部，每星期六出刊，已出十四期了。我給他們寄了幾篇稿，你們也不妨寄寄。祝

[illegible]

[illegible]
5.4.

穎之：

「道德人」專刊之啟，轉葉上談和聲德等通寫一份。已上次信收到。寄詩謝和二略稿已編好。當遵囑另找幾個人。我想昨談是為辭問事是好了。另外同別為所問事是的還有郭樓是與文似等提交援論數者之。幸由撰辭以交人之手以我們的友誼而予問題。

至於是否我之能為我向郭樓收寄稿款，求應轉不可。但昨見郵寄函郭樓作略之董謝他將能匯到我這裡來的。我即寫。寫此函告我我之一再寫信他。還有他的說明難見示。郭樓是方面的稿款既請即交第三略印刷之用好了。另劉國基的向你信說明此時請之意。所請他給我。你當着也換錢寄。我這些論稿要匯還予寄寄。此意說並告許瀏是。另外承請人代第一篇發誤了。你有沒有收到什麼通知。你是幾行人如未收到通知，那就也有人告退。此即告。祝好

許上　八．十七

請謝：
華寄某
在此另
寄亦章
迅知援
養會。

1

穎：

讀您的信正值吳俗之兄去我家，兩日他正提及有關您和"合發文苑"的前途，我就將您的信也給他看了，他除了感到對您的待遇不能給予較為合理的安排而甚感慚愧以外，他一再表示希望將來業務有了進展以後才給您提高薪水，由一天談起了兩三申的話說，丁穎是詩友兼摯友，對錢是不太重視的，不過希望能補您些許生活費用以外，不必考慮其他問題。

我希望您繼續考慮目前的工作，我們同期望中您能把這份職業當作是自己的事業，正如我一樣，我因離得太遠，不能時常加入工作，但我已決定盡最大的力量支持下去，無論在精神和金錢上，雖然我目前還沒有出錢，甚至每月他還按期給我厚酬，但當有一天需要我出錢支持時，我想我會毫不考慮地賣了西裝和家俱來支持他，因為我一直覺得這是一份事業，所以那天我和吳俗之談了很久，我們除了在內容上必須大使整頓以外，在本身業務也需重新估人事業性的負起責任，而您既然要編《書聲》周刊社，我覺得您與《文苑》結合，當一方面興趣相投，二則事情也不少，您可以專心讀點書和寫點稿。朋友，暫時先把女人丟開，先在事業上立點基礎，會令到將使有一天有了女人愛上您，您們會值抓住她，何必到頭來是「新婚結婚我卻不了您」，那場面也許您還沒有嘗試過，但失意惡和惡氣卻成了您的家常便飯了。女人離不開長期飯票，除非她的丈夫是靠吃軟飯的懦夫。朋友，這是我唯一的忠告，我並不比你守本份，但我至少還沒有潦倒煮字療飢的情況。

我的朋友中，啟君、夏楚都成了職業性的煮字專家，但他們還有一點小小的地據，那就是他們有一個中心思想，假期若在改讀英文，或選些學分，而您的希望地方能找出一點名堂。

至於今後的業務推廣工作，是很重要的一環，在此都可以住在我家，但有的地方較以前狹些，而且也有地方可以住，這方面您可以放心去做。

另外在編輯方針，我們不要顧慮人情，如果朋友們不瞭解我們，我們可以不必太勉強別人了解，如果是好友，我想他們會把好稿子給我們，據我們的經驗，如果總是以劣壞稿子來搪塞我們的友情的話，我們只有犧牲這份友情，這層之我也一再地奉勸他，而今後您在那方面工作時，我也希望您重視稿件而輕視人情，否則刊物仍然不會有進展，最後

4

穎：

讀過這封信，不知您的夢是否時開醒，我，在期盼着。

請您順便把學會的文字告訴一聲，把那信交給他，有一位同學行文在了，不知他是否已得到信等了，同時請他送給同學一副對聯，或其他的東西，因為是對一位很有才華的學生，而且又是常常警句的，特以隨函附上謝林的信。

何時我們再見。

中劉
九．十七．

穎：　　　　　　　　　　　　　　　　　　1

不久之前曾給您寫過一封信，但至今仍未獲得回信，這可能是您的事忙的緣故，也許是郵資寄錯，而又讓您陷於缺少郵資之尷尬。無論如何我亦該寫這封信給您。

依要來信說，而香曾到彰化數日請與您見面。略告知些情形一二。

復興廣播月刊主編簡鏞如之來舍間談及出版若干人詩選，由各作家先付出部份出版費，然後由復興廣播月刊社出版，出版後將由該台做節目宣佈出版消息以及義務廣告等，而封面製版，以及內容排印都可能較其他出版商低廉，這樣每人可能有三百元左右即可（如果以十個人為限的話）不知閣下有何尊見。

南台灣有六大詩選，但在北部仍未見到該選集，不知您是否擁有此書的？之。

畢杰小說作家，來我家小住數日，談了極多，在我書房裏，他翻閱了閣下大作《當代中國名作家選集》，他極喜歡你的，他回去後來信說極願意認識認識您以及您的大作，如果您

那裡還有存多的話，他希望您擲送一本給他。不知閣下意見如何，請告。 2

劉一杰地址：湖北郵箱7750—2號

文藝刊事後的情形如何？多少版後請寄二本來，因為劉一杰要一本。

最近有詩嗎？我極希望能讀到您的詩以及散文。香港自由報極需要小說和散文以及短稿，如果有作品不妨向香港投寄。目前最緊要的是稿費而非名譽。您想如何？朋友！

我目前完成一篇用詩的體裁寫小說，這種寫法在目前是空前的。但能否被那讀社采用尚待考驗。不過我已與該香港擂臺社主編談及此事，他可能用我的稿。我想明天整理好以後寄去。不多談了。祝

文安

August 18.60

自由報社址：香港銅鑼灣

高士威道20號4樓

丁穎先生：

您好。

[illegible]

[illegible]

[illegible]

2012.5.10

丁穎兄

關於對我的詩的選擇，我收到包括你在內的七人的意見，其中自己是詩人的四人，不寫詩的賞讀者三人，女士三人，男士四人，在台灣及在大陸的各三人，在美國的一人。有一人選到了十八首，一人選到了十五首，一人選到了十二首，另四人選十首。有一人要看到了1985年版《夏樂詩集》。其中被選的有四十七首不同詩篇，得票情形如下：

(1) 六票：歸故鄉。

(2) 四票二首：神木、中國書寫的曲。

(3) 三票二首：回家的路上、靜夜

(4) 二票十九首：謁孔子墓、登長城嘆、莫札特的奏鳴曲、寄留、懷舊、秋果、醉、頭髮、夜的魂、邊境、燈、心願、丁香花、紀念、命運、詩魂、自傳詩、在家鄉、鄉愁……

(5) 一票者二十六首。

你選的十首中有九首在過一票。

承詢何澤泰先生，聊供一笑。

祝好

[illegible]上 2012.8.2.

我搬家的事尚無着落，在台中生活和我家鄉的比較，應付如何？

丁穎吾兄：　附寄文訊函，

對大作評介《散文奇葩中的新牧歌》乙文，擇期刊出，諒實因

稿件太擠，故再延一月刊出，請勿掛念為禱。承　鍾乃汲兄

北來公幹，並設宴餞，頗為感動，特再丟謝。兄為台灣文壇

老將，是學者也是名作家詩人，尚盼再攜椽筆，寫出驚

人傑作，擲中拜讀也。專此敬頌

撰安

弟 雲鶴 拜上
二〇一三、二、一於北市

載臣吾兄：

幾經思慮。終于寫成「散文世界的游牧客——丁穎」，約三千餘字（其中特提出「秋」文的創作境界）將於「文訊」月刊發表。

您上次所說找尋「寒夜岩」有關的寒流錄音帶遍找未獲。瑞著「玫瑰書簡」散文集，若有存書，可在兄出席「九九重陽聯誼會」時帶來，以便友人索求閱讀也。餘再敘，即請

潭祺　並候

嫂夫人李娟安

弟　謝輝煌　拜啟　一〇一年九月廿七日

幻翁：

歲暮風寒，老病交迫，帶此孤島，倏忽六十餘年矣；每讀兄「冷經詞」，常不忍釋手，因纖綿佳句，深獲我心，蓋你我皆生此戰亂之世，所遭遇者相同耳：你我來此均值青春年少，如今都垂垂老矣；昔日故交相繼凋零，目前三月話舊老友童佑華過世，給我感觸良深！！

日昨整理舊籍，得此六十年前殘稿，讀之再三，而舊友都已作古多年。此二詩乃寫當時實情心境，雖用舊体，但用韻未依舊詩之嚴格，而用口語自然韻。諸此二詩起句皆用八庚韻，而鴻、行、情非庚韻，鴻為一東，行而是敬韻。我常認為文不能以詞害意，而寫詩也不因韻害情。此為弟之淺見，我兄舊詩詞造詣皆深，望有以教我。匆此順祝

吟安

丁穎拜啟

一〇二年元月

於台灣寓所

愛惜紙張　珍惜使用

第八章　丁穎書寫的身影

年青時代的丁穎

年青時代的丁穎

早年的丁穎

壯年時期的丁穎

有點年紀的丁穎

「青年老人」時期的丁穎

壯中年時期的丁穎，在台中公園

丁穎與作家陳邦燮將軍留影於南京中山陵。

丁穎與河南大學教授沈威威博士合影於河大校園。二〇〇〇年

丁穎與詩人高準。

丁潁與開封大學副校長石志明及東吳大學教授曾祥鐸合影於宋太祖陳橋兵變教址。

丁潁祭黃留影

丁潁在北京頤和園

福成兄：

三月詩會研究那么一部大書，你說寫很快就完成了。所收資料又那么丰富，真令人敬佩。其中寫到予皎竹童作家兄那許俊的往事、那是六十多年前方來台灣時我們年青時的往事，那時台灣環境很差，人民都很苦，我們又人地生疏生活非常苦、想弄份差事也不那么容易，信中的「完全行指賞所言。談什么事業、想有碗飯吃就不容易了。還說什么事業？我的作品都是二十五歲到卅五歲十年間寫的居多。卅五歲後正如你說有事業但也多不順利，每天忙着「軋頭寸」為錢奔走。那時又办报，办雜誌，那使寫東西也都是寫些應景的社論、經評，或雜文之類東西。現在想之真是浪費生命。我來台灣在東遠新聞當記者，同時健康開你到山裡去休養。我在山中寫的東西最多。如「紙」以「空谷微語」是寫給周伯乃兄的信。你說到的「史冤」小說也是那時寫的，其中有「把流土的三角審判，交給歷史的審判者」之句，即是指國共兩黨爭江山的戰爭，誰是誰非，只有歷史才能審判。還有篇「三分春色一分愁」也是那時寫的。這篇東西我認不如「紙」段。卻被收入北京民族大學「文鑒」一書作為國文教材。當時兩岸還沒有來往，我不知道那短文他們從那裡弄到的？我回鄉探親時，才從一個朋友女兒的課本上看到，我當時把它印影下來，及五十年前我編一个選集的目錄一冊寄你，我手邊沒有書，此目錄是從電腦印下的。因它是台灣第一本文藝選集，你將來如許有矣用。而您有幾篇談詩的短文，可發表你對詩的看法。

專此順頌
春安

弟 丁穎拜啟
民國百年三月廿日

第 頁

福晚安好。

　你在「新文壇」介紹弟的文章已拜讀，非常謝謝。你的溢美，太使將來如收入三月詩會廿年選集，希能略加改動。弟近日整理舊書架得此孤本，為報投桃報李之誼，權將此孤本奉贈吾兄，以作將來出書之參考。此書由你收存，比在我處更有用些。因為你年歲比我大很多。同時你又是重視文學史料的作家。

　此書惟一不足之處，就是沒有三月詩會諸詩友作品。原因是書中所選之作品都是作者自己所選，他（她）們知我的書僅來往親密一部份。三月詩會的朋友，只有麥穗的作品收錄，但當時不知他們住址而未向他們邀稿，此為我惟一的遺憾！此書出版頗不容易，自約稿、編譯、找出版社，前後歷時三年。而且因此書，我生平第一次與人訟訴，打了一場官司，原因是出版社曾先說有稿費，後約稿時的作者亦言有稿酬，雖知此書出版後，再出版社食言，不給稿酬了。再經談起流向的作者們交待，我不得已報出去說，他亦不了了之。因那時年輕，不識世故，和出版社只是口頭約定，並未簽書面文字。後來出版社答應給每位作者一本選集，就這樣結案了。那時我在南部而無空前往遠在都會南部大市到台北。那時經濟狀況並不好，所以，來回旅費都成了一大負擔，況且想起當時長公有編此書的勇氣？這些小說家係夜有閑，因他一再縱容才有此勇氣。轉眼這五十多年的事了，那時英氣逼人的青年，如今已是雙鬢斑白的老叟了。回顧五十年，不勝感慨多之！更談到現在的青年衣暖食飽，對文學沒有興趣，而我們那個年代，精神飢餓，而對文學的熱愛那是現在青年難以想像的。那時我們的而用手寫鋼筆。現在的年輕人真是太幸福了，幸了說

吟姊

丁穎拜啟
民國百年十月

第　頁

福成兄：

台北回來重讀你的大作「西安」一詩，同時想到我第一
次遊西安的往事。又看你詩後為「三月詩會廿週年紀念集要詩
友个人資料，你說自己的千秋大業事跡不好自己說由你來
說，我只知你我都為國家統一所做的個人努力貢獻的心迹
金錢算不算是「千秋大業」之事：还說的自己的事業總不如
自己向人家說說。本还因此從未說过自己做的一切。既然
兄要說下我們这一代个人的雪歲月，我把我个人經歷略述
梗概供兄參考。希望詩人今後我們找家咖啡館好好聊聊。

我第一次遊西安是這樣的：八八年五月我以盟統盟委个
人身份訪北京。「那時蔣經國剛准老兵返鄉探親」兩岸還沒
有什么來往，我以探親的名義到北京，是由全國政協祖國統

一委员会主任刘宁汉先生钱、符住在圆书述书院招待所。我要看的朋友是在北大教書的陳教授，及從台灣过去的黄顺兴。他在全国人大当常委。刘主任馬上给我连絡，第二天下午他在黄家給我電話，說他現在黄家，要我和黄直接通話。我說除見你還想見教授。黄說我约了教授没有要，明天上午我去北大接教授，一同去看你。第二天上午由刘主任陪同到書院看我。老朋友多年不見，兩岸隔絕音訊全無，見面非常高兴親切。他們問了一些台灣的情况。因他們都沒去過台灣，從去的代对台灣還是很空的。黄在台時曾当过立委及台東県長，陳是由台灣到美國做学術訪問研究，後趕到期台灣当局不准返台，他又不能入美國籍，美國所民。北京当局為统戰欢迎他去北大教書。当時我曾在「探藩通訊」写了一篇

「國民黨專門製造敵人，製造的都打不倒的敵人台[illegible]副縣是」從陳鼓應到北大教書說起」。我說的敵人包括李敖。陳鼓應在台大教書，是忠實國民黨員。只因要選國大不聽黨的話、國民黨就開始打壓他。李敖沒有什麼野心，他不會反國民黨，只想研究所畢業到中央研究院當個研究員。只因一場中西文化論戰，而他當時主編的文星老闆是蕭孟能，蕭的老爸蕭同茲是陳誠一派的，和蔣經國爭權，國民黨內部政爭殃及池魚李敖。這不都是國民黨自己造出的敵人嗎？我和陳於宋見面把文章給他。因他不常看到。我們談到中午，一齊吃飯拍照留念。次日由全國政協常委、民革中央副主席賈亦斌在全國政協大禮堂接見我，中午宴請。賈亦斌曾是蔣經國副手，蔣當局長時賈是少將副局長，曾為蔣經國紅人，印象的来自。他一口一声问「纪园园」怎么样，表示甚为关切。他口口声声纪园农长纪园经的叫着，不称老农官或先生，想是他们私交是不错的。饭后到三住问我除自行回北京还想到那里看看？我说天热想回老家。他就叫开大汽送多早[illegible]读到全国各地看看大农发展。他再三劝我到西安看看刚出土的兵马俑。那时兵马俑只开掘一个坑洞，不致再运人感意只好答应。第二天他事先买好软卧车票来接我，把我送上到西安的火车。我记得很清楚那天是五月节天已很热。我夜间大概十一二点到西安。车到站时早有西安政府官员拉着白绫布在站上等候，写着欢迎丁颖先生莅临西安。来接的人是西农的主任，一头白发。我在北京买了一箱子书非常重，因搬货小伙事不能开到月台，就出站口还有一段路他非要代我提著箱子，他很吃力的拎子我非常感動。言談中得他是国民高級將領閻錫山的內弟。接我住的地方，是陝西省政要之一楊虎城的公館。次日上午接待我的是陝西省政協主席，同時也是陝西文聯主席能唱中。同時安排參觀西安各地。第一天參觀東路，就是秦始皇陵及兵馬俑。最使我懷念的就是童關的銀杏。香、甘、甜、連杏核都可同時吃。如有機會再去西安一定要在五月杏子成熟季去品嚐一下童關的銀杏，才不負去西安一趟。弟家鄉也出產杏子，但從來沒有吃過如此美味的。第二天參觀西路，即是乾陵，就是武則天墓。及茂陵，以及王三姐的寒窯，以秦二世墓。然後由西安到重慶下三峽，由老家一路上都由全國政協安排。這是我第一次遊西安，似乎將千秋大業盡圖下面我再談與統一有關的事。

連戰帶團訪問大陸，媒体稱為破冰之旅。其破冰之旅的不屬是私人組團或政治社團，第一次訪問大陸的都不是連戰，只是連戰很大聲也大聲嚷嚷。我說第一次民間組團訪問大陸：常由大陸回台與友人談及回大陸的事情，我有另外友人。雖然他已剃度。但他們關心國事。由其國家的統一。他與我商議組團訪問大陸。但那時還沒有什麼交流。別說政治、經濟、就是文化交流也沒有，也不準。那麼我們什麼名組團呢？後來我們想到去黃陵尋根祭祖。同時在那邊加場會為兩岸人民祈福宗教交流。可是宗教又是那邊禁忌。經過多方跟那邊交談，那邊才答應。可是組團前往續要錢。堅持說錢由他籌備，關於與那邊接洽交涉辦手續，這批人一切事情都有我負責。那時組團兩岸手續都難辦。連這這批人參加號北一切費用包括來機票住宿都由我負擔。還是沒人敢參加。後來我到統盟秘書劉文超教授、紀的交王道循教授與張都是王曉同系統一的朋友。我負責通新才於八九清明節前往西安。翌年是出家人不好出面帶團，要我當團長帶團。我因自己是發起人一切又都有接觸，也恐別閒話笑的議論請王道循當團長。那次祭黃陵不僅是台灣胞第一次組團祭黃陵，幾十年來全世界黃子孫、包括大陸沒有人前往祭過黃陵。大陸文革破四舊連清明節都不過，所以這是中共統治大陸、所有的黃子孫不都有祭過黃陵，因此那祭陵我們象徵性古禮用太牢禮來祭。非常隆重。當地居團觀，他們過去從沒見過。由西安政協主席總中、副省农及黄德兴长法登。会上魏三席看到我两人握手都惊不信热泪盈眶。因有仲他接待我，这次第国去出他意外。四十年两岸隔绝，如今该划下句点。回经参观西安各地、第一站是扶风法门寺，就是供奉佛指的法门寺。由方丈接待，领我们到地宫参拜佛指。我想台湾人第一个看见佛指的就该是我吧。前几年佛指来台湾，轰动全台，几十万人参拜。西安参观之后，就到我们的起上海龙华寺，作了一场法会为两岸人民祈福。然后几位在宗教信仰的朋友及王嫩由圣明常看去南京看望此行拜南海观音。我们对当上等他们，王道有告这台这次所以黄五萬多美金，因国际经线我们的指献。这是台湾民向国际大陆，於京中央电视台将派遣一组记者採访这次参礼盛事，为拍摄了一集记録片，在中央电视台转向海外播放半月言之。不知道這算不算破冰？再說政治社團訪問大陸，中國統一聯盟全体執監委於六四第二年（九一年）初春由第一主席陳映真領團訪問北京、我是第一屆監委亦隨團觀覽。當時台灣幾大報聯合、中時等報亦派記者隨團採訪。當我們抵達北京機場一下飛機，很我嚇一跳中外媒体記者上百人等着採訪。當時在機場有一記者會由陳映真團長致詞會經新聞稿口頭答覆幾句此次訪北京目的。當下赴釣魚台國賓館，次日由江澤民中共總書記國家主席在人民大會堂接見我因是團裡年歲最大的安排坐在最前面陳映真旁邊而江澤民也最近，所以陳映真和江澤民對答談話我每句都聽得很清，他們先寒喧問候開場然後入進正題記得他們先談戰時期談起後話鋒一轉談到兩岸問題，說兩岸分離幾十年今後於開放多元溝通增進彼此的瞭解，當時我們還提出對六四民運份子不要秋後算帳，說他們都是中國的精英，還有兩岸警體字於簡體字，希望大陸能恢復繁體字，兩岸文字統一文化溝通更為方便。江澤民當很說，對六四從沒有秋後算帳，如你們不信可能問北大的學生，問問他們那一個遭到秋後算帳關於繁體字，他說我江澤民三個字從來都用繁體字，從不寫簡體字。今後教科書也慢慢改用繁體字。這是江澤民親口說的[illegible]話我每一句都聽得很清楚。江澤民家鄉他說他是揚州中學畢業後去考上海交大，江談話常加帶英文單字，因他教會學校。他說到史可法，並隨口念出史可法墓前一副對聯「數點梅花孤臣淚，一輪明月故臣心。」並歡迎我們到揚州去觀光。他的這些話台灣報紙都有報導，但我現在手邊沒有這些報紙我们还访问了统战部，当时部长王兆国不在，由副部长萬紹芬接待、座谈，我们提出统战这两个字，应该改改，好像海外的中国人都要被你们统战，后真的把他们对外的机构都改为联谊会了。如台湾同胞联谊会，简称台联以及港澳台办公室等。由全国政协主席在人民大会堂宴请我们。和我同桌的有三钱之一的钱伟长等中共高级领导。钱伟长、王兆国的明片说在我还存着。我们在北京三天参观了好几个部门，也举行文化座谈会。我一首〈祖国的小诗〉当时就刊登在北京文艺报上。傍晚中央制片厂新闻纪录片会记录片，我没去看，原因是不忍去看死的两军中国人。离北京飞西安，住一夜，次日由西安政府官员陪同乘车赴黄陵祭拜黄陵。比上次我带团祭黄陵一样用太牢礼由当地官员陪祭。不同的是黄陵改像整修了一下。不像我留第一次去那荒蕪了，墓前清理了一片黃土地。一些雜草都剷除了。這是我第二次到西安。西安市還是沒有變化，陳舊落後，雖有全國古城牆西安保存的最完整，改造之忱大筆常破爛。當時西安沒有象南京的班機，省政府特為我們包了一架專機，專機很小的，坐我們只六十幾位人，亦然由政府招待，由官員陪同前往中山陵謁陵。參觀中山先生遺作，但那遺物並不是真蹟，是替代品。由南京飛上海，轉回台北，這算到營政治就國的破冰？兩次破冰第一部顛覆、餘連戰以國民主席身份訪問大陸，那是多年以後的事了。國民黨當時是在野黨，連戰是在野身份沒有政權，國民黨一個人民社團而已，如果說他是破冰，我們又算什麼？我第三次到西安，是應邀參加黃陵重建工程破土典禮，因他們發覺黃陵是可歸錄的地方。從我八九年祭陵，懷念每年海外華人由台灣同胞組團回國去參陵的人多起來，他們也開始重視宣傳自動邀請海外華人團体回國觀光。現在西安所看到的西安和過去想像大不同了。就是兵馬坑道已多了好幾個，別說其他的改變了。它已成了現代化的大都市。明年的花博在西安舉辦，屆時當又是一翻盛況吧！

前天詩歌藝術學會接待福建省文藝界參訪團，承孫靜助會長之邀參加那會，被邀請名單亦有吾兒情未也會。會中他們都說自己對兩岸文化交流的貢獻多大多大。靜助理事長是名發言。他每人都介紹一翻，對他們為兩岸文藝交流出錢出力做了很多事，對弟的介紹只兩句話：「五六十年代有名作家。」靜助先只看到後來兩岸交流的情況，因後來這幾年兩岸來往沒有什麼禁忌了，大家一窩蜂的往大陸跑。弟所做的事情他不知道。即拿文化交流來說，本早在五六十年代，那時還在戒嚴期、大陸作家迅訓全集、巴金全集、老舍全集，還有大學中國書、馮友蘭哲學史、都是本在台灣印的。我之所以冒為歷史條件的限制，翻印這些書主要目的，我認為台灣被日本殖民五十年、台灣人民脫離了祖國文學（說文化也可以）的都是日本文學台灣已被皇民化。勝利後沒有幾年政府遷來台灣，兩岸又隔絕了。台灣揚達將為是亞細亞的孤兒、離開祖國母親懷抱太久了。我為着不使台人民的母親「臍帶」割斷，讓文化這根臍帶永遠和母親連繫在一起。所以才冒殺身之險來出版大陸作家的書，一般人根本不知道我之用心之苦。八八年我去北京才與馮友蘭等見面補發版稅給他們、並寫了台灣出版授權書，並聲明有權翻印他們的書不能告訴他們是不得已的事，開放前我的文章被那些大學排斥教科書教材，開放後我的詩由北京友誼出版公司在大陸印行。大陸新聞紙云的詩學「泰頭」由藍燈公司出版，這大陸詩人台灣出版的第一本詩集。西安秦陵回來我於友人創辦「統一日報」後因此友人私心太重乃分手。我友殷宗俊創「世界論壇報」，並擔任發行人，這是台灣唯一反獨主張統一的日報，並為三大張，後因經費改為每日一張，前些年一頁在大陸投資常住大陸，幾次於北京當局報請希望允許「論壇報」在大陸發行。近幾年我因健康關係，發行給社長廖天欣兄擔任，我只任名譽董事長，都辭了。因我太老了。我在大陸出資以台灣為弟的藍燈公司出版華人畫事，創兩岸畫家及作人士作品，同時發行港澳台三地。到現在還在出版。第做的這一切算不算交流和貢獻？

最後排第一號的是：弟和統盟聯友訪問北京市、江澤民見面，市先去北京連繫的是統盟秘書長劉國基，現在北大和人民大學當教授，劉國基參加台大研究所時因搞統一被捕坐了多年牢。他被捕那天晚上我和高遠東有他商量一份主張統一的刊物，創辦我們新聞雜誌發不到數小時他就被捕了，同案還有戴華光等五人。我也常被警備總部叫去問話，有一次我在台大門口送書給學生，亦突然被捕送台北警察局，問了一天，問不出什麼、只好把我給保釋放，因我不願找保人。可見那時搞統一是要付出代價的。那種像現在可以公開搞統一。那時搞統一和搞台獨是同樣罪名。我青年是被限制出境。說了，拉雜寫了這些事，希望你們有時間讀完，就

著安

丁穎拜啟

建國百年歲在辛卯蒲月

於台北中寓所

第 16 頁

福成詩兄：

新著「我們的春秋大業」一書，我當天在研究會歸途的車上，即一口氣讀完。書中對弟著墨頗多，非常感謝。讀後掩卷返思，感想與感慨都多。三月詩會諸君子，如果將來能在歷史的洪流裡，留下一點雪鴻泥爪，也要感謝你的貢獻及有心。在目前這個社會空氣中，你還能留心到一些小人物的行止，筆寫下來實屬難得。至於李敖與陳鼓應，他倆既不在也不孤，都是大統派，所以我說他們是國民黨製造出來的敵人，因為他們都不是國民黨的敵人，他們不過有一些自由思想的學者，而且陳還是國民黨黨員。從李敖最早寫「播種者胡適」可以看出他思想的走向。如果是現在李、陳都成不了國民黨的敵人，因都是時勢政治環境不同而造成的。

關於兄書中提到基督教是資本主義，而金築先意見相左，也許吾兄所言而有所本，我信奉基督教固然大多是偏資本主義，我沒有研究過各國政治思想史我不敢斷言。但我們人對耶穌的態度，我覺得他本人不是資本主義，倒有點像我國的墨家。我來台後曾讀過短時間的神學思想史。墨子講~~兼~~愛非攻、耶穌講博愛、兼愛敵人。我覺得多少都有些社會主義的味道。「飛鳥有巢，狐狸有洞，人子都沒有枕頭的地方」。你想耶穌像資本家嗎？

致於你說到現在的年青人對文學如此陌生。這不僅於社會環境有關，也於我們的教育有關。現在的教育只重知育而不重德育，只有功利主義，而不注重德育及心靈的培養。於文學藝術更是漠視以對。我對現下教育是非常失望的。

專此　順祝
著安

丁穎拜啟
中華民國一〇一年八月於台灣

第　　頁

陳福成著作全編總目

㊶為中華民族的生存發展進百書疏
㊷金秋六人行
㊸漸凍勇士陳宏

捌、小說、翻譯小說

㊹迷情・奇謀・輪迴、
㊺愛倫坡恐怖推理小說

玖、散文、論文、雜記、詩遊記、人生小品

㊻一個軍校生的台大閒情
㊼古道・秋風・瘦筆
㊽頓悟學習
㊾春秋正義
㊿公主與王子的夢幻、
(51)洄游的鮭魚
(52)男人和女人的情話真話
(53)台灣邊陲之美
(54)最自在的彩霞
(55)梁又平事件後

拾、回憶錄體

(56)五十不惑
(57)我的革命檔案
(58)台大教官興衰錄
(59)迷航記、
(60)最後一代書寫的身影
(61)我這輩子幹了什麼好事
(62)那些年我們是這樣寫情書的
(63)那些年我們是這樣談戀愛的
(64)台灣大學退休人員聯誼會第九屆理事長記實

拾壹、兵學、戰爭

(65)孫子實戰經驗研究
(66)第四波戰爭開山鼻祖賓拉登

拾貳、政治研究

(67)政治學方法論概說
(68)西洋政治思想史概述
(69)中國全民民主統一會北京行
(70)尋找理想國：中國式民主政治研究要綱

拾參、中國命運、喚醒國魂

(71)大浩劫後：日本311天譴說
日本問題的終極處理

拾肆、地方誌、地區研究

(72)台大逸仙學會
(73)台北公館台大地區考古・導覽
(74)台中開發史
(75)台北的前世今生
(76)台北公館地區開發史

拾伍、其他

(77)英文單字研究
(78)與君賞玩天地寬（文友評論）
(79)非常傳銷學
(80)新領導與管理實務

2015 年 9 月後新著

編號	書　　名	出版社	出版時間	定價	字數(萬)	內容性質
81	一隻菜鳥的學佛初認識	文史哲	2015.09	460	12	學佛心得
82	海青青的天空	文史哲	2015.09	250	6	現代詩評
83	為播詩種與莊雲惠詩作初探	文史哲	2015.11	280	5	童詩、現代詩評
84	世界洪門歷史文化協會論壇	文史哲	2016.01	280	6	洪門活動紀錄
85	三搞統一：解剖共產黨、國民黨、民進黨怎樣搞統一	文史哲	2016.03	420	13	政治、統一
86	緣來艱辛非尋常－賞讀范揚松仿古體詩稿	文史哲	2016.04	400	9	詩、文學
87	大兵法家范蠡研究－商聖財神陶朱公傳奇	文史哲	2016.06	280	8	范蠡研究
88	典藏斷滅的文明：最後一代書寫身影的告別紀念	文史哲	2016.08	450	8	各種手稿
89	葉莎現代詩研究欣賞：靈山一朵花的美感	文史哲	2016.08	220	6	現代詩評
90	臺灣大學退休人員聯誼會第十屆理事長實記暨 2015～2016 重要事件簿	文史哲	2016.04	400	8	日記
91	我與當代中國大學圖書館的因緣	文史哲	2017.04	300	5	紀念狀
92	廣西參訪遊記（編著）	文史哲	2016.10	300	6	詩、遊記
93	中國鄉土詩人金土作品研究	文史哲	2017.12	420	11	文學研究
94	暇豫翻翻《揚子江》詩刊：蟾蜍山麓讀書瑣記	文史哲	2018.02	320	7	文學研究
95	我讀上海《海上詩刊》：中國歷史園林豫園詩話瑣記	文史哲	2018.03	320	6	文學研究
96	天帝教第二人間使命：上帝加持中國統一之努力	文史哲	2018.03	460	13	宗教
97	范蠡致富研究與學習：商聖財神之實務與操作	文史哲	2018.06	280	8	文學研究
98	光陰簡史：我的影像回憶錄現代詩集	文史哲	2018.07	360	6	詩、文學
99	光陰考古學：失落圖像考古現代詩集	文史哲	2018.08	460	7	詩、文學
100	鄭雅文現代詩之佛法衍繹	文史哲	2018.08	240	6	文學研究
101	林錫嘉現代詩賞析	文史哲	2018.08	420	10	文學研究
102	現代田園詩人許其正作品研析	文史哲	2018.08	520	12	文學研究
103	莫渝現代詩賞析	文史哲	2018.08	320	7	文學研究
104	陳寧貴現代詩研究	文史哲	2018.08	380	9	文學研究
105	曾美霞現代詩研析	文史哲	2018.08	360	7	文學研究
106	劉正偉現代詩賞析	文史哲	2018.08	400	9	文學研究
107	陳福成著作述評：他的寫作人生	文史哲	2018.08	420	9	文學研究
108	舉起文化使命的火把：彭正雄出版及交流一甲子	文史哲	2018.08	480	9	文學研究

109	我讀北京《黃埔》雜誌的筆記	文史哲	2018.10	400	9	文學研究
110	北京天津廊坊參訪紀實	文史哲	2019.12	420	8	遊記
111	觀自在綠蒂詩話：無住生詩的漂泊詩人	文史哲	2019.12	420	14	文學研究
112	中國詩歌墾拓者海青青：《牡丹園》和《中原歌壇》	文史哲	2020.06	580	6	詩、文學
113	走過這一世的證據：影像回顧現代詩集	文史哲	2020.06	580	6	詩、文學
114	這一是我們同路的證據：影像回顧現代詩題集	文史哲	2020.06	540	6	詩、文學
115	感動世界：感動三界故事詩集	文史哲	2020.06	360	4	詩、文學
116	印加最後的獨白：蟾蜍山萬盛草齋詩稿	文史哲	2020.06	400	5	詩、文學
117	台大遺境：失落圖像現代詩題集	文史哲	2020.09	580	6	詩、文學
118	中國鄉土詩人金土作品研究反響選集	文史哲	2020.10	360	4	詩、文學
119	夢幻泡影：金剛人生現代詩經	文史哲	2020.11	580	6	詩、文學
120	范蠡完勝三十六計：智謀之理論與全方位實務操作	文史哲	2020.11	880	39	戰略研究
121	我與當代中國大學圖書館的因緣（三）	文史哲	2021.01	580	6	詩、文學
122	這一世我們乘佛法行過神州大地：生身中國人的難得與光榮史詩	文史哲	2021.03	580	6	詩、文學
123	地瓜最後的獨白：陳福成長詩集	文史哲	2021.05	240	3	詩、文學
124	甘薯史記：陳福成超時空傳奇長詩劇	文史哲	2021.07	320	3	詩、文學
125	這一世只做好一件事：為中華民族留下一筆文化公共財	文史哲	2021.09	380	6	人生記事
126	龍族魂：陳福成籲天錄詩集	文史哲	2021.09	380	6	詩、文學
127	歷史與真相	文史哲	2021.09	320	6	歷史反省
128	蔣毛最後的邂逅：陳福成中方夜譚春秋	文史哲	2021.10	300	6	科幻小說
129	大航海家鄭和：人類史上最早的慈航圖證	文史哲	2021.10	300	5	歷史
130	欣賞亞媺現代詩：懷念丁穎中國心	文史哲	2021.11	440	5	詩、文學

陳福成國防通識課程著編及其他作品

（各級學校教科書及其他）

編號	書　　　　名	出版社	教育部審定
1	國家安全概論（大學院校用）	幼　獅	民國 86 年
2	國家安全概述（高中職、專科用）	幼　獅	民國 86 年
3	國家安全概論（台灣大學專用書）	台　大	（臺大不送審）
4	軍事研究（大專院校用）（註一）	全　華	民國 95 年
5	國防通識（第一冊、高中學生用）（註二）	龍　騰	民國 94 年課程要綱
6	國防通識（第二冊、高中學生用）	龍　騰	同
7	國防通識（第三冊、高中學生用）	龍　騰	同
8	國防通識（第四冊、高中學生用）	龍　騰	同
9	國防通識（第一冊、教師專用）	龍　騰	同
10	國防通識（第二冊、教師專用）	龍　騰	同
11	國防通識（第三冊、教師專用）	龍　騰	同
12	國防通識（第四冊、教師專用）	龍　騰	同

註一　羅慶生、許競任、廖德智、秦昱華、陳福成合著，《軍事戰史》（臺北：全華圖書股份有限公司，二〇〇八年）。

註二　《國防通識》，學生課本四冊，教師專用四冊。由陳福成、李文師、李景素、頊臺民、陳國慶合著，陳福成也負責擔任主編。八冊全由龍騰文化事業股份有限公司出版。